抵抗への参加

フェミニストのケアの倫理

キャロル・ギリガン［著］
小西真理子・田中 壮泰・小田切建太郎［訳］

晃洋書房

JOINING THE RESISTANCE (1 st Edition)

by

Carol Gilligan

この本をダイアナ・ドゥ・ヴェグにささげる。

（……）抵抗する
　ものの
正直な姿
　ただ風だけが
はね返し、取りもどすことができる
　その姿が、

ほんとうの天気ではないだろうか（……）

ジョリー・グラハム

目次

凡　例

一　本書は、Carol Gilligan, *Joining the Resistance*, Cambridge : Polity Press 2011（初版）の全訳である。ただし、初版のリプリントであるペーパーバック版（2016, 2017）には、謝辞（Acknowledgments）と参考文献（References）に若干の加筆修正があるため、これらの翻訳にはペーパーバック版を用いた。

二　翻訳は三人の訳者がつぎのように分担した。序（田中）、第1章（小西）、第2章（小田切）、第3章（小田切）、第4章（田中）、第5章（小西）。

三　訳注については、短い補足説明は割注として本文に〔　〕で挿入し、それ以外のものは見開き左頁に傍注として収めた。

四　引用文中における［　］内はギリガンによる補足。原文のイタリックによる強調は傍点で示した。（　）は基本的に原文によるが、原文で引用文中の中略を示す三点リーダー「……」を括ったもの、英語原文を括ったものは訳者による挿入である。原文で三点リーダーが中略を示すものか判別できない箇所は括弧で括らずにそのまま残した。「　」は原文の引用符を示すが、例外もある。

五　本文中の引用箇所については、邦訳の該当頁を明示している場合でも、基本的に本書の各訳者による訳出を優先している。原著に参考文献として記載のない文献からの引用を訳出する際に参照した訳書は、初出の該当箇所に傍注を付けて示した。翻訳のない文献のタイトルの日本語訳は、訳者によるものである。

六　原著本文・引用文における誤字など、あきらかな誤りと考えられるものは、訳者が断わりなく修正した。

序 *Introduction*

あれはわたしが二歳半の夏のことになるが、あたらしいものに目がなく、育児に投資を惜しまぬ進取の気性に富んだわたしの母は、幼い子をもつ親たちに精神分析の知識を広める目的でヴァッサー大学が開催したクララ・トンプソン[1]の公開講座にわたしを連れていった。この種の試みの多くがそうであるように、この企画も善意にあふれたものだった。親たちがこどもの発達について学んでいるあいだ、こどもたちは託児所に預けられるというものだった。アメリカ社会のただなかにあったにもかかわらず、それはまるでキブツ[2]のように組織されていた。こどもは親と離れて別の建物か寄宿舎で過ごすことになっていた。警戒してはいたものの、こればかりは二歳のわたしの頭には想像もつかない取り決めだった。わたしは託児所のことも、いまでもその名を覚えている先生のことも大好きだったが、おやすみの時間が来ると、キブツ式の保母さん《メタペレト》[3]たちではなく母に寝かしつけてもらいたがった。こう

*1 Clara Thompson（一八九三—一九五八年）。北米の精神分析家でサリヴァンと並ぶ対人関係論の主唱者のひとり。
*2 二〇世紀初頭にロシアからパレスチナにわたったシオニストの若者たちがはじめた集産主義的共同組合のこと。
*3 ヘブライ語で「乳母」を意味する。イスラエルのキブツでは、こどもたちは母親ではなくメタペレトたちによって共同施設で養育された。

して、わたしはとても幼くして、変化をもたらす声の力を発見したのだった。エリコ〔パレスチナ東部のエリコ県の県都〕で角笛を吹いたヨシュア〔旧約聖書「ヨシュア記」から〕のように、十分に大きな声で長いあいだ泣けば、壁を壊すことができると知ったのだ。規則は破られ、母が呼び寄せられた。例外が認められた。母が子守り歌で寝かしつけてくれることが許可された。わたしはこの違反をクララ・トンプソンがどう考えたのか知る由《よし》もなかったし、この例外を正当化するために、わたしについて何が語られたのかは想像するほかなかったが、わたしの母は、ありがたいことに、それがどれほど決まりの悪い思いをさせるものであっても、わたしの意思表示をいつも尊重してくれたし、そのおかげでほかのこどもたちも母の歌を楽しむことができた。

何年か経って、二歳のわたしが服従に抵抗したことを倫理的に説明する解釈を見いだした。それは一九六〇年代後半のことで、当時のわたしは心理学で博士号を取得し、三人の幼いこどもの母となり、パートタイムの仕事を探していた。そんなとき、友人が開いたパーティーで、わたしはローレンス・コールバーグ[*4]に紹介された。彼の道徳的発達理論は、市民権のために行動を起こし、不当だと思われた戦争に抗議するわたしや同世代の多くの仲間にとって、その原動力であった正義のための情熱をうまく言い表してくれていた。彼が研究助手の仕事をわたしに持ちかけてくれたとき、その申し出を引き受けたことで、徳《ヴァーチュ》とはひとつ、その名は正義であるという、ソクラテスに倣った彼の主張が火をつけた論争の渦中にわたしも身を置くことになった。それによれば、道徳的発達は、自己利益や社会的慣習を越えて、道徳的な原則にもとづいて正義を公平性《フェアネス》として理解するにいたるという、ひとつの道筋をたどるとされた。市民的不服従に大義名分を提供するその理論は、当時の時代精神を反映したものだった。

長いあいだ、わたしは幼少期のヴァッサー大学での経験を、自分の研究を触発してきた声と抵抗をめぐる問いと結びつけて考えることはなかった。あのころの経験は、どれほど見込みが薄いことでも実現する可能性を見いだすわたしの楽観主義を説明している。しかし、それ以上にわたしにとって衝撃的だったのは、かつてのわたしが当たり前のように享受していた関係性の土台を喪失しかけたときに、わたしが示したものと同じ抵抗を、のちに四、五歳の少年と思春期の少女にふたたび見いだしたことだ。ただし、この年頃のこどもたちにとって、母を求めることは重要な問題ではなくなり、彼ら彼女らの抵抗は、強固に根づいているように見える制度的な構造との対決へと移行していた。

この四〇年ものあいだ、発達心理学や社会学、神経生物学、進化人類学がもたらしてきた人間科学におけるエビデンスの蓄積は、人間が本来、応答し、かかわり合う生き物であり、ひとつの声をもって関係性のただなかに生まれ、共感と協力のための能力が備わっていること、そして、そうした相互理解の能力は、人間が種として生き残るうえで鍵となった（と考えざるをえない）ことを教えてくれている。ところが、二〇一〇年秋に公開討論会でこの話をしたとき、わたしはパネリストとして同席したいずれも著名なふたりの学者から、人間は本来攻撃的かつ競争的であって、進化を通じて自己利益

＊4 Lawrence Kohlberg（一九二七―一九八七年）。北米の心理学者で人間の道徳的発展を段階的に示した「道徳性発達理論」で知られる。

の追求に駆り立てられてきたのではなかろうかと単刀直入に反論された。この食い違いをどのように考えればよいのだろうか?

写真家のサリー・マン[*5]は、展示会「誇り高い肉体《プラウド・フレッシュ》」のためのアーティスト・ステートメントのなかで、みずからを「見る女」だと述べている。四〇年間連れ添った自分の夫の「いまなお美しい姿を、太陽の光で官能的に照らし」ながら、「いまなお愛し合い、いまだ現役の」夫婦を撮影したとき、彼女は自分が冒しているリスクを理解していた。

伝統的な語りにおいては、見る女、それどころか臆面もなく男に視線を注ぐ女は罰せられてきました。哀れなプシュケー〔ギリシャ神話に登場する女神。人間の魂を象徴する〕は、愛する人をひと目見ようとランプで照らしたがために永遠の責め苦を味わうことになるのです(……)。ひとりの男を値踏みするように眺め、路上で目配せをして写真撮影を申し込み、その体を検分する行為は、同じことを男が女にする分にはありふれたことであり、求められさえもする行為になるのですが、女にとっては恥知らずな暴挙であり続けてきました。

雨の降る火曜日の午後に、マディソン街にあるガゴシアン・ギャラリーで過ごした時間、そしてそのときの、遥か遠くの星から届いた光のような写真の照り返しを、わたしは思い出す。これほどまでに愛をこめて、あなたを見ていますと強く主張するまなざしで撮影された男性を、わたしはついぞ目にしたことがなかった。静かなギャラリーでひとり佇《たたず》みながら、マンがタブーを破ったことにわたしは気づいたのだった。

実際、神話上のプシュケーは、自分を見てはならず、ふたりの愛について話してもならないというエロースの命令を破ったがために罰を受けることになった。姉たちから、あの男はおまえとそのこどもを食べようとしている怪物だと聞かされていたプシュケーは、手提げランプを掲《かか》げたとき、男を殺害するつもりだった。その行動を制したのはエロースの美しさ、その人間らしさ《ヒューマネス》ともろさ《ヴァルネラビリティ》だった。彼に関する噂は真実ではないことが判明した。彼女が見たのは、暗闇と静寂のなかで彼女が知っていたままの優しく、感じやすい《レスポンシブル》男であった。自分を目にしようとすれば別れることになると言っていたエロースは、その脅しを実行に移し、その結果、プシュケーはさまざまな苦悩と試練に苛まれることになるものの、最終的に、物語はハッピーエンドで閉じることになる。互いに平等で、公正な、永遠の夫婦となったプシュケーとエロースは「歓び《プレジャー》」と名づけた娘の両親になる。この結末部分は、幸福に至るまでの展開があまりに突飛なために、忘れられがちだ。

マンと同様に、わたしも長い結婚生活を送り、いまも愛し合っていて、いまなお働き盛りだ。夫とわたしは三人の息子を育てた。わたしの母は男たちを愛していたし、わたしもふたりの父を愛しながら成長した。ひとりがわたしの父で、もうひとりがわたしの幼少期の大半をともに過ごした父方の祖

＊5　Sally Mann（一九五一年―）。北米の写真家で、自分の家族や友人、彼女をとりまく自然環境（特にヴァージニアの風景）を活写した作品で知られる。

父だ。大学院を出たあと、非常勤講師としてハーバード大学に戻ってきたとき、知的で感受性が鋭く、祖父のようにお茶目なところがあり、父のように高い倫理観の持ち主でもあったエリク・エリクソンとローレンス・コールバーグにわたしは魅了された。ふたりを個人的に知ることで、それぞれの仕事[*6]のルーツを彼らの人生のなかに垣間見ることができた。エリクは自分がデンマーク人の男の息子であることを知らずに育ち、そのことを知ってからはエリクソンと名乗るようになった。コールバーグはこどものころ、両親が離婚したことで、裕福な父親の財産を継がせてやるために息子の親権を放棄すべきかどうかという、母親の道徳的ジレンマに巻き込まれることになった。このふたりの男は、わたしの関心に即した心理学の方向性を示してくれたという意味で、わたしにとっては父のような存在であり、彼らを手本に、わたしがみずからの問題を追究するよう励ましてくれた。とはいえ、（彼らがフロイトとピアジェのあとを追ったように）わたしがふたりの歩みを追って、禁断の領域に足を踏みこむことになるなんて、あの頃は予想だにしなかった。一方には男たちの人生から歴史を構築し、男たちの経験から一般的な結論を引き出すということがある。他方で、女たちを相手にそれをしようと思えば、まずは彼女たちの沈黙を破ることからはじめなければならなかった。

マンにあやかって言えば、わたしは聴く女だ。わたしの研究は声に関する問いから出発した。誰が誰に話しているのか？　どのような身体で？　どのような関係性の物語を語っているのか？　どのような社会的・文化的な枠組みで？　わたしの耳は、とりわけふたつの事柄に吸い寄せられた。ひとつは男たちのあいだの沈黙であり、もうひとつは、女が本当に考え、本当に感じていることを語ったときの共鳴の欠如だ。男たちが語っていないことを調査し、女たちに共鳴することで、わたしはこれまで黙殺されていた声を聞くことになった。それはまるで周波数を変えると混信していた放送が突然耳に届くのに似ていた。『もうひとつの声で』をわたしが書いたのは、女たちの声と主流の心理学理論の声とのあいだの不協和《ディソナンス》を理解するためだ。その過程で、わたしたちは、男も女も、いかに自分自身について誤った物語を語っているのかということに気づいたのだった。

「裸の王様」の話のなかで王様は裸だと口にするのはこどもだ。ホーソーンの小説『緋文字』[*7]のなかで、「良妻たち」も「清教徒たち」も見抜くことができない母と牧師との関係を七歳のパールは知っている〔本書一四八頁参照〕。わたしの調査でも、「インタビューはわたしとあなたのふたりだけで行います」と言うわたしに、「それと、あなたのテープレコーダーもね」とつけ加えてみせたのは一一歳の少女だった。テープは研究グループのほかのメンバーしか聞くことがないと説明すると、「じゃあ、みんなが一緒に部屋にいれば済む話じゃないの?」と言うのだった。場をかき乱す質問の数々。わたしは少女に、言葉を額面通りに受け取ってちょうだいとお願いをしたことで、どうにか作業にとりかかる

＊6　Erik Erikson（一九〇二―一九九四年）。ユダヤ系デンマーク人の母をもつドイツ出身の北米の精神分析家で発達心理学者。アイデンティティ論で広く知られる。父については、デンマーク人であることを除いて、ほとんど知られていない。

＊7　米国の作家ナサニエル・ホーソーン（Nathaniel Hawthorne, 1804-1864）が一八五〇年に発表した小説。一七世紀のニューイングランドのピューリタン社会を舞台に、姦通の罪を犯したことで世間の糾弾を受けながらも、自らの尊厳を守り抜いたひとりの女性ヘスター・プリンの闘いを描く。タイトルの「緋文字」は、姦通の罰としてヘスターが服につけることを義務づけられた姦婦（adulteress）を示す赤い文字を指している

ことができ、実際それで少女は、わたしたちが彼女の本名の代わりに使うならどの名前がよいのか自分で選んでもらうことにも同意をしてくれた。しかし、その後の彼女はどこか沈んだ様子だった。わたしと関係を持つことと引き換えに、彼女には、見ているものを口にすることをひかえ、わたしの発言を理解したかのようにふるまうことが求められたからだ。

この方法では、わたしはこどもたちの聴き取りをすることも、仕事を進めることもできなかった。見たままを口にできず、知っていることを考えることもできないでいる状況にこどもたちが抵抗を示すとき、それを抑え込む側に自分が加担していたという自覚が、わたしの行動をおしとどめた。ハロウィンの日、小学五年生の教室で、首を絞められたり、めった切りにされたりする女の物語を先生がつぎつぎと読み上げていたとき、わたしは、何人もの少女が天井を眺めているのを観察した。彼女たちは先生が大好きだったし、先生だって女だった。少女たちは、そのことに触れられたくないという先生の気持ちを汲んでいたのだ。

わたしの目を釘づけにした、この少女たちの抵抗は、解離[*8]への抵抗だった。大人になろうとしていた少女たちは、自分の正直な声から自分自身を引き離そうとする圧力に気づきながら、同時にそれに抵抗していた。この抵抗を調査するうちに、わたしはそれが、文化的に是認され、社会的に強制された通過儀礼との闘争であることがわかった。王様のあたらしい衣装を褒め称えること、あるいはホーソーンの小説のなかで、真理への愛を公言していた牧師が、彼自身の言葉を借りれば、「偽りの生活を送っている」ことに目をつぶることは、必要不可欠とまではいかないまでも、さまざまなかたちで望ましいものではあった。

わたしは『緋文字』のなかで「家父長制」という言葉が繰り返し登場することを忘れていた。この小説を悲劇的なラブ・ストーリーとして、あるいは罪の報いについての教訓として読んでいたのだ。しかし、そのページの上には、著者の打ち明け話と並んで「家父長の特権」や「家父長制的な執事」(pp. 199, 200, 邦訳三一七、三一八頁)といった言葉が置かれていた。

わたしはこの家長的人物を、わたしの注意を引いたいかなる人間より、旺盛なる好奇心をいだいて観察し、かつ研究した。彼は、まさしく、希有なる一現象であった。ある点からすると彼は完璧であったが、ほかのすべての点からすると、まことに浅薄で、あてにならず、とらえどころがなく、絶対的にくだらない人間であった(p. 16, 邦訳三二頁)。

かつてのわたしは家父長制と聞くと、人類学か古代部族の研究か、あるいは男を怪物ととらえるフェミニズムを思い浮かべたものだった。しかし、『緋文字』に着想を得た戯曲にとりかかり、それを『パール』と題するオペラ台本に書きなおしていた息子のジョナサンとわたしは、通常はアメリカのジレンマとしては考えられてこなかったさまざまな緊張関係に向けられたホーソーンの洞察の深さ

＊8　小此木啓吾ほか編『精神分析事典』(岩崎学術出版社、二〇〇二年、六〇頁)によれば、解離(dissociation)とは「精神が記憶や意識やアイデンティティ等を統合する能力が一時的に失われた状態」を指す。

に圧倒され続けた。それは、（教会だけでなく家でも森でも、あらゆる場所であらゆる人間が拝むことのできる）神との直接的な関係を重んじる急進的なプロテスタントのヴィジョンがある一方で、男だけからなる聖職者の階層組織が生き延びていること、そして、丘の上の光り輝く都市[*9]という民主主義社会のヴィジョンがある一方で、家父長制の権力と特権が生き延びていることから生じる緊張関係のことだ。オペラのアリア・パートで、わたしたちは「神が愛であるならば、愛が罪になりうるだろうか？」と問いかけている。

ティナ・パッカー[*10]とクリスティーン・リンクレーター[*11]から、演劇人が声について知っていることを学べるというので、わたしはシェイクスピア・アンド・カンパニー劇場による一カ月間にわたる演技訓練のワークショップを受講したことがある。そこで、声がどのように身体のなかに息づき、それがどのように言語や文化だけでなく呼吸や、音と振動からなる身体世界にも結びついているのかを体験することになった。こうしてわたしは、解離が身体を通じてどのように現れるのかを理解し、また、一六歳のターニャが振り返っているように、「自分が信じていることに賛同する声は、わたしの奥深くに埋まっている」という事態がどのように生じるのかを発見した。それは埋まっているのであって、失われてしまったのではない。沈黙してしまうことに抵抗する少女たちを観察し、その抵抗の結果として彼女たちの内部と、彼女たちを取り巻く大人たちとのあいだで起こる対立に注意を向けてきたわたしは、そこで目にしているものを理解するには、「それが何に対する抵抗か？」を問う必要があることに気づいた。

わたしの仕事はふたつの方向に分岐した。解離とそのプロセスを調査し、わたしたちがいかにして自分自身の一部を切り離し、いかにして自分が知っていることを知らなくなるのかを理解するために精神分析を学ぶと同時に、思考と感情との垣根を取り払い、それらをより一層結合させた芸術の世界にも飛びこんでいった。こうして、わたしは身体的な声にこれまで以上に注目し、それを概念や隠喩としてだけでなく、自己の表現の道具としても聴きとるようになった。劇場での仕事も継続し、女だけのシェイクスピア劇団の共同監督を務め、小説だけでなく戯曲も執筆した。また、ケンブリッジ大学の社会・政治学部に招かれたこと、そしてその後、ニューヨーク大学の法科大学院で教鞭を執ったことを機に、抵抗の心理学だけでなく抵抗の政治学についても探究を深め、抵抗をめぐるわたしの研究を社会学と政治学の文脈によりしっかりと位置づけることができた。

心理学に対する自分の関心を、現在も継続している芸術活動と政治運動と結びつけることで、わたしは出発点に戻るかたちになったが、時代は変わりつつあった。わたしの仕事はよりラディカルに、

＊9 「丘の上の光り輝く都市」とは、「マタイ福音書」のイエスの言葉に由来し、ピューリタンの指導者ジョン・ウィンスロップが一六三〇年に行った説教によって広まったとされる。神の愛の実践としてアメリカ建国を位置づける言葉としてしばしば引かれる。

＊10 Tina Packer（一九三八年―）。イングランド出身の女優、劇作家、演出家。一九七八年にアメリカ合衆国マサチューセッツ州レノックスにシェイクスピア・アンド・カンパニー劇場を設立。

＊11 Kristin Linklater（一九三六―二〇二〇年）。スコットランド出身の発声指導者。シェイクスピア・アンド・カンパニー劇場の創立メンバーのひとり。俳優のための独自の発声法の発案者として知られる。

より扇動的になっていった。一九九〇年代には、参政権が与えられて以来はじめて女の票が大統領選でものを言い、二〇〇〇年に接戦をくり広げた大統領選挙では、男と女のあいだで過去最多の投票差が記録された（男たちはブッシュに、女たちはゴアに多くの票を投じた）。合衆国のヘルスケアをめぐる議論では、ケアの倫理は死の脅威に晒され続けていた。「家父長制」という言葉は、宗教的な原理主義の台頭とヒラリー・クリントンへの攻撃というかたちで、その内実をますます顕在化していたにもかかわらず、古臭い用語として片づけられ、フェミニズムの死が繰り返し宣告されていた。

本書の着想は二〇〇九年の三つの出来事にうながされるようにして具体化した。この年にフランスのフラマリオン社が『もうひとつの声で』の改訳版を刊行し、日本の風行社からも新訳の刊行[*12]が決まった。『ニューヨーカー』誌は巻頭特集で「なぜフェミニズムはいまもなお、わたしたちを分断するのか？」という問題を取り上げた。そして、バラク・オバマが合衆国の大統領に就任するという、六〇年代には夢に過ぎなかったことが現実となった。

実際に本書を書きはじめたのは五月のある土曜日のことだった。フランス語の改訳版の刊行を祝うためにパリを訪れていたわたしは、モンジュ通りを歩いていた。夫とわたしはアパルトマンを借りて、ひと月ほどそこで生活をしていたが、改訳を呼びかけた研究者たちによって企画され、格式ある社会科学高等研究院が主催する公開セミナーでの講演を前に、その日のわたしは緊張をときほぐそうと散歩に出ていたのだった。すると、昔の学会報告の記憶がどっとよみがえってきた。『もうひとつの声で』を出版してまもないころ、児童発達学会（Society for Research in Child Development）の招きでわたしは批評家たちと相見《あいまみ》えることになった。ホテルの大広間に女だけのパネルが組まれ、性差に関する研究の専門家で著名な学者であるエレノア・マコビーが議論の口火を切った。彼女は、自分を呼び止めて「OK牧場の決闘で会おう」とのたまったという同僚（「もちろん男性」だと言い添えて）のセリフを紹介しながらコメントを開始した。[*13] 続けて彼女は、決闘と男とを結びつけた自分の発言を撤回し、心理学的な性差は証明できないとする、のちに彼女が潔く撤回することになる見解を主張した。パネルに集まった女たちのラストを飾ったのは、言語発達の研究者であるキャサリン・スノーだったが、彼女が、もうひとつの声の存在を証明するのに、自分にはひとつの喩えで十分だったと言ってくれたときの感謝の気持ちはいまでも忘れない。ジェンダーは目くらましにもなれば強力なレンズにもなった。

パリの街路に立っていると、ある声は励ましてくれたり、別の声は軋みをあげたりしながら、いくつもの不協和音がわたしの耳に響いていた。わたしの研究成果は画期的なものだとも言われてきたが、二〇〇〇年のゴア対ブッシュの選挙戦の真最中に、それは（わたしの結論が、少女を優遇するために少年の予算を取り上げることになるかもしれないとの憶測から）「少年に対する闘い《ウォー・アゲンスト・ボーイズ》」の論拠を提供するものだと受け止められた。わたしの説明は、このような攻撃を払いのけるにはあまりに弱かった。

＊12　その後、二〇二二年一〇月に川本隆史・山辺恵理子・米典子訳で風行社からギリガンの『もうひとつの声で――心理学の理論とケアの倫理』が刊行された。

＊13　OK牧場の決闘は、一八八一年にアリゾナ州で起きた西部開拓史に残る銃撃戦のひとつで、一九五七年の西部劇映画『OK牧場の決斗』（J・スタージェス監督）で広く知られるようになった。

リュクサンブール公園の向かいにあるカフェで、セミナーを企画してくれた倫理学者のサンドラ・ロジェ（Sandra Laugier）と社会学者のパトリシア・パペルマン（Patricia Paperman）と落ちあった。わたしたちは、ふたりの研究テーマでもあるケアの倫理学《ケア・エシックス》とケアワークについて語りあった。ふたりともジェンダーの政治学や「フェミニスト」という言葉に尻込みすることはなかった。サンドラが書いたように「ケアの理論は、多くのラディカル・フェミニストの理論と同様に、誤って認識されてきた（……）。というのも一般的な「ジェンダー」のアプローチとは違って、真のケアの倫理学は社会改革なしにはありえないからだ」。

そのとき、わたしのもっとも深い意図との共鳴にめぐり会えたからなのか、パリにいる喜びとも相俟《あいま》って、「正義対ケア論争」の泥沼にはまり込むことになったあの議論の場に、もう一度参加したいという欲望をかき立てられた。パリのあたらしい同僚たちが、これからわたしの代わりに話をしてくれたらいいのにという儚い望みが、一瞬にして、パリの街路で天啓に打たれたかのように吹き飛んだ。自分の仕事に対する誤解や誤訳について語るのに、わたしよりもほかの誰が適しているというのだろうか。わたしは新鮮な活力、そして誤解の数々ととっくみあい、ケアの倫理の必要性や、女と男の状況や、わたしたちのなかにある社会変革の可能性について、わたしの現在の考えを声に出さねばならないという明確な目的をたずさえてアパルトマンに戻った。

パリで開始した執筆はその翌年まで続いた。過去へ遡ることで、自分の仕事の主要なテーマのいくつかについて、現在の見解にたどり着くことになった。あるテーマやトピックは別の角度から接近するか新たな光のもとに置くことによって、より大きなパターンの一部として立ち現れた。たとえば、わたしは繰り返し少女たちとの調査に立ち戻るつもりだが、それは少女と大人の女だけでなく、少年と大人の男も含むいくつもの生の謎に向き合うための出発点であり進むべき道だからだ。少女たちの声は共鳴を引き起こし、はっきりした変化を観測することができたが、その後の研究で、少年の発達にも同様のパターンを見つけ、また、進化人類学や神経生物学における発見も、人間の本性についての長きにわたる前提に意義申し立てをしたとき、その声のもつ意味あいはさらに深まった。これまでは逸脱《アベレイション》だとか少女に固有のものだとか言われていたものが、わたしたちの人間性の拠りどころを失うまいとする、より一般的な抵抗のあらわれであることがわかってきた。

『抵抗への参加』という本書のタイトルは一九九〇年にミシガン大学でわたしが受けもった「人間の価値についてのタナー講義[*14]」から来ている。そこではじめてわたしは、抵抗の心理学と抵抗の政治学に関する公開講義を行った。その講義に加筆したものを、新たなタイトルをつけて本書（第4章）に収めたのは、愛の要求も民主主義社会における市民権の要求も、同じひとつのものだということを、はじめてわたしに教えてくれた少女たちと女たちの声を、もう一度思い起こすためだ。関係性のなかで響く声も、関係性のなかで生きたいという欲望も、偽りの権威に抵抗する能力とともに、わたしたち人間の本性のなかに生まれつき備わっている。

ヴァッサー大学で過ごした夏に、わたしが得ることになった、（どれほど見込みが薄いことでも）実現

＊14　米国の学者で実業家のO・C・タナーを創始者とし、英米の複数の主要大学で毎年開催される人文学の記念講義。

する可能性を見いだす楽観主義は、時を経て、真のケアの倫理学は「社会変革なしには存在しない」という見解と手を取り合うことで、そのような変革の種は、わたしたち自身のなかにあるという認識にたどり着くことになったのだ。

第1章

Looking Back to Look Forward: Revisiting In a Different Voice

未来を見るために過去を振り返る
――『もうひとつの声で』再考

第1節　正義対ケア論争の先にある議論に向けて

あれはまだパソコンが普及していなかったころのこと、『もうひとつの声で』の校正を進めるなかで、ハーバード大学出版局は原稿を再タイプにだした。それから数週間して、わたしは原稿を受け取りにいった。タイピストの若い女性は、サマービルにある労働者階級地区の茶色い三階建ての家に住んでいた。彼女が、わたしの原稿があまりにも素敵なので、いとこにも読ませたくて渡したと言うので、わたしは原稿を取りに行った彼女が戻るまで待つことになった。自分の本が想像していたよりもずっと広く訴えかける魅力をもっていることがわかって、玄関先のポーチに立ちながら、大きな喜びをかみしめていた。

本が出版されてから何カ月かたって、出版社の営業担当者にランチに連れていってもらった。コーヒーを待つあいだ、彼はなぜこの本が売れているのか、気になってしかたがない様子で質問してきた。わたしの頭には、タイピストの女性と、上の階に住んでいる彼女のいとこのことが浮かんだ。声を黙殺されてきた人びとが、自分の声を聞いてもらえたと感じたのだ。

今にして思えば、『もうひとつの声で』というタイトルは、自分自身や道徳について、女と男について、つまり人間の条件について話すときの言葉づかいを変えようという、あたらしい語り方への呼びかけであったことがよくわかるだろう。過去の会話のなかでは、「彼の話はおもしろいね、なんたって世界を旅して、いくつもの国に住んできた男なんだから」とか、「あら、スーザンったらおてんばさんね」といった語り口を耳にすることに、わたしたちは慣れていた。あまりにもありふれた視点であるがゆえに、わたしたちが長いあいだ気づかなかったことを説明するために、ストランクとホワイトの『文章作法入門《ジ・エレメンツ・オブ・スタイル》』（そのセミコロンとコンマの正しい使い方を例示した部分）から右の文章を拝借した。一度気づけば見方は変わる。二〇〇八年に出版された、五〇周年記念新装版『文章作法入門』では、おもしろい語り手は「彼女」になって、スーザンにはバゼット犬の挿絵がそえられた。

『もうひとつの声で』を執筆していたころに気づいた心理学の問題は、ある程度は方法の問題（人間発達の研究対象に少年と男性だけが選ばれること）であり、部分的には理論の問題（男の生はおもしろいが、女の生はだいたいとりとめのないものだと見がちな視点）だった。そこには明らかに問題があったが、ある意味でもっとも興味深く、少なくとも心理学者の目に興味深く見えたのは、それが問題として見えていなかったということだ。わたしは心理学を教えていたにもかかわらず、その問題を見ていなかった人間のひとりだったので、どうしてこんなことが起こってしまったのだろうと自問した。ある意味で、わたしは自明なことを発見しつつあったのだ。

ジェンダーという視点は、問題の所在を女か男に特定するのではなく、この問題設定全体がどうして生じてきたのかを示すことで、すべての問題の原因がどこにあるのかを示す鍵になった。同僚の人類学者は、文化は言葉にならないもののなかに現れるとよく言っていた。文化とはわざわざ名前をつける必要がないほど日常生活に根づいている見方や話し方のことである。魚は水から引き揚げられるまで、自分が水のなかで泳いでいることを知らない。文化が変化してはじめて、わたしたちは自分が浸かっている海を認識する。わたしたちが自然なこと、あるいは当然だと考えてきたことが、数ある見方や語り方のひとつに過ぎなくなる。一九七〇年代には、わたしもほかの多くの人びとと一緒に、「たったひとつの物語を、唯一のものであるかのように受け止めるのはやめよう」というジョン・バージャー[*1]の気づきに達していた。

文化が変化しつつあったあの時代、駆けだしの教員だったわたしは、ある女性の質問に対して、「とてもいい質問だけれど、わたしたちがここでしている話ではないですよ」と答えている自分に気づいた。そして、「わたしたち」とは誰なのか、わたしたちは何について話をしているのかを考えて

---

*1 John Berger（一九二六―二〇一七）はイギリスの小説家。本文中の引用は、一九七二年に出版された小説『G.』（栗原行雄訳、新潮社、一九七五年）からのもの。

いる自分を見いだした。この問いは、時代を問わずまっとうなものではあるが、女性運動が絶頂を迎えていたときに、わたしは女たちの問いが、それがどんなに重要であっても、大抵は的外れなものとする文化的な立場に加担していたことに気がついたのだった。わたしは『もうひとつの声で』を執筆することで、この加担から脱却し、男は人間として、女はそれとは別のものとして描きだす語り方とは手を切った。わたしが身をまかせてきた流れ、つまり、ダニエル・オファーとジュディス・オファーがやったように『一〇代の心理世界――正常な思春期の少年の研究』というタイトルを本につけたり、ダニエル・レビンソンがこれも妻との共同でやったように『男の人生の四季折々』から「成人の発達段階」をそのまま導きだしたりすることを、まるで当たり前であるかのように見なす流れが、どれほど大きなものかに気づいたとき、少女と女が無視されていることに男も女も気づいていなかったこと、あるいは、それを問題だとも思っていなかったことがはっきりとわかったのだ。心理学者たちは、男が人間《ヒューマニティ》の基準であり、自律と理性（という「男らしい」特質）を成熟のしるしとする文化を当たり前のように受け入れてきたのだった。その文化は、女は自分のためには語らないと高をくくっていた。

そして、そこに道徳が介在する。ここでの道徳とは、正と不正、善と悪を確立するといった通常の意味ではなく、善の名のもとに女に沈黙を強いるものだ。善き女は他者をケアする。すなわち、他者の声を聴き、他者のニーズや関心に応答する。そのこと自体は、なすべき良いことだ。しかし、この女らしさの善の倫理は、男が置き去りにされた女たちを見ようとしないか、大したことではないかのように語ることや、女が置き去りにされた自分を見逃すか大目に見ることといった、普通の日常会話を支えていた。

もうひとつの声とそのケアの倫理が、このような分断に抵抗するものであることがはっきりしさえすれば、わたしの仕事をめぐるありがちな誤解や誤訳が生じた理由がわかりやすくなるし、原典のいくつかの部分がこれらの誤解の一因となった経緯も認識しやすくなり、同時に、これらの誤った解釈が、わたしの仕事を、わたしが異を唱えていたはずのほかならぬジェンダー規範とその価値に重ねられてしまった経緯も見えやすくなる。そして、この視点は、わたしが一九八二年に出版した本〔『もうひとつの声で』〕を振り返りながらかかげようと思っているいくつかの問いに焦点を当ててくれる。ケアとケアリングに価値が与えられ、ケアが欠如することは代償をともなうことだと認められたにもかかわらず、なぜいまなおケアの倫理は攻撃にさらされているのだろう。正義対ケア論争[*2]は、何をめぐる論争なのか。こうしたことすべてと女はどのような関係にあるのか。これらの問題について真っ先に発信しているのは、なぜいまだに女の声なのか。

いずれにしても、三〇年ほど前にわたしがはじめてケアの倫理について書いたときよりもいまのほうが、ケアの倫理はずっと差し迫った課題になっているし、ジェンダーについて問いを立ててそれを論じることは、ある面ではより難しくなっている。わたしたちが生きている世界は、相互依存の現実

＊2 『もうひとつの声で』出版後、従来的な価値観をもつ正義の倫理がケアの倫理と対置されることで、正義の倫理とケアの倫理のどちらが優れているか、あるいは、正義とケアはどのような関係にあるのかをめぐる論争がくり広げられた。

と、孤立が生む代償にますます敏感になっている。自律は幻想であり、人びとの生が相互につながっていることを、わたしたちは知っている。一九六三年、マーティン・ルーサー・キング・ジュニア牧師は、「わたしたちは避けようのない相互関係の網にとらえられており、運命という一枚の衣で結ばれています。誰かに直接影響することは、間接的にすべての人間に影響することになります」と述べた。わたしたちはトラウマについて、その心理学的作用だけでなく、神経学的作用についてもより深く理解するようになっている。オバマ大統領は就任後初の議会演説で、ケアの欠如について、そして、その欠如が保健、教育、経済、地球環境におよぼす影響について述べ、個人の利益追求の精神《エートス》を、ケアの倫理と共同応答責任に置きかえる必要があると説いた。ところが、二〇〇八年の大統領選では、人種差別主義者の発言は許されていなかったにもかかわらず、メディアの文化人が、ヒラリー・クリントンの名前が出ると思わず脚を組んでしまったり、彼女を「いやな主婦」だ、魔女だ、ビッチだ、「悪女」だと言ったりすることは、依然としてまかりとおっていた。FOXニュースでその話題に触れたコメンテータは、「ヒラリー・クリントンが話をすると、男性たちは「ゴミを出しなさい」と言われている気になるんです」[*3]と述べた。長年の苦渋に満ちた人種をめぐる会話を理解して乗り越えようというオバマの呼びかけは、ジェンダーをめぐるあたらしい会話を求める同様の呼びかけと結びつくことはなかった。なぜだろう。

実際のところ、なぜいまなおケアの倫理なるものは攻撃にさらされているのだろうか。ケア対正義論争の先にあるアカデミックな議論はどのようなものだろうか。そして、その議論は、女たちの生、そして、より広く人びとの生と、どうつながっているのだろう。ジェンダーという語をラテン語の語彙と結びつけて考えているわたしは、ジェンダーについてさらに話をすすめるために、ジェンダーにもとづく生の秩序である家父長制とその関係の説明を飛ばすわけにはいかない。家父長制において、男であるということは、女でないだけでなく、その秩序の上に立つことを意味する。ジェンダー二元論とジェンダー階層は、家父長制のDNAであり、家父長制秩序を構築する要素となっている。「家父長制（patriarchy）」とは、聖なる男性（the *hieros*）、すなわち、司祭《プリースト》*4がパーテル（*pater*）＝父であるとする聖職者の階層や規則を意味する言葉である。家父長制の家族、宗教、文化では、権力と権威は、ひとりの父ないし複数の父たちに由来するのであり、男らしさと称される人間の特性は、女らしさとしてジェンダー化された特性に対して特権をもっている。（男を少年から切り離して）一部の男をほかの男たちの上に置き、すべての男を女より上に置くことで、家父長制は支配秩序たりえている。しかし、父を母と娘、そして息子からも分離し、人間の特性を男らしさと女らしさのふたつに分けることで、家父長制は精神のなかに亀裂をつくりだし、あらゆる人間をその自己の一部から切り離してしまう。

ジェンダー化された家父長制の世界《ユニヴァース》のなかでは、ケアは女らしさの倫理であって、普遍的《ユニヴァーサル》な倫理に

*3　女が家庭内で夫にゴミ出しを命じることが、女が発言力をもちはじめたひとつの象徴として考えられている。
*4　ここでは、カトリックの"priest"が念頭に置かれていると思われる。本書全体にわたって、ギリガンは、カトリックには批判的で、プロテスタントには好意的である記述が多い。

はならない。ケアリングとは善き女がすることで、ケアをする人は女の仕事を行っている。女たちは他者に献身し、他者のニーズに応答し、他者の声に気を配る。つまるところ無私（selfless）なのだ。

わたしが女と道徳をめぐる議論に参加したのは一九六〇年代後半、合衆国で公民権運動、反戦運動、大気圏内核実験禁止運動、貧困撲滅運動、女性運動、ゲイ解放運動が一堂に会した時代だった。わたしは、フロイトの伝統を引き継ぐ精神分析家のエリク・エリクソンと、ピアジェの専門家である認知発達心理学者のローレンス・コールバーグとともに、ハーバード大学で教鞭をとっていた。これらすべての男性——フロイト、エリクソン、ピアジェ、コールバーグ——には、女性は発達に欠陥がある存在に見えていた。人間関係に女が打ち込む行動は、はっきりとした自己感覚《センス・オブ・セルフ》を犠牲にすることだとされ、女の感情的《エモーショナル》な敏感さは、理性的に思考し客観的に判断する能力を損なわせるものだとされた。ここに『もうひとつの声で』に書いたようなパラドックスが見られる。ほかでもなく女の道徳的な善として特徴づけられるまさにその特性、つまり、関係性への感受性や共感性への関心が、女の発達には欠陥があると見なされる材料になっていたということだ。

一九七〇年代に、これらの前提に異議が唱えられた。当時、ある女性にインタビューしたとき、道徳発達の評価に用いられるジレンマの一事例に対して反応を求められた彼女が、わたしを見据えてこう言ったことを覚えている。「あなたはわたしが考えていることを知りたいんですか。それともわたしが本当に考えていることを知りたいんですか」。この応答が示しているのは、自分が本当に考えているのとは異なる仕方で思考する術を、彼女が身につけてきたということだ。

アイデンティティと道徳的発達に関心があったわたしは、実際に道徳的な葛藤と選択に直面した状況で人びとが示す反応について、そして、「わたしは何をしようとしているのだろうか」という問いとして自己感覚《センス・オブ・セルフ》や自我が表面化する時期について、あるいは「わたしは何をすべきなのだろうか」、「正しい、もしくは善い行動とは何か」という問いとして道徳言語（〜すべき、〜したほうがよい、正、不正、善、悪）があらわれる時期について調査を開始した。わたしがこの研究に取り組むようになったきっかけは、道徳的かつ政治的な選択について学ぶコールバーグの授業で、ディスカッションの部を担当したときに観察したことだった。教室には、育ちのよさそうな服装をした社交的で礼儀正しい男子学生もいれば、ガンジーがプリントされたシャツとジーンズを着た長髪の男子学生もいたが、そのどちらとも、ベトナム戦争の不正義については話したがるのに、兵役拒否の倫理に話題が及ぶと口をつぐんでしまうのを目にした。自分たちが本当に考えていること、すなわち関係性と気持ち《フィーリング》にある程度依拠してしまう兵役拒否についての自身の考えを口にしてしまうと、女っぽい発言に聞こえそうだし、道徳的発達段階が低いと見なされそうだということに彼らは気づいていたのだ。わたしは、この学生たちが大学二年生を終えるころインタビューして、道徳的な葛藤と選択の経験について尋ね、その後、兵役を目前にひかえた四年生になったときにもう一度インタビューしようと計画したが、ニクソン大統領が徴兵制を廃止することになった。

それは一九七三年のことで、この同じ年に、合衆国最高裁判所によって人工妊娠中絶が合法化[*5]され、こうして、いまや裁判所が合法と認めた選択を決定する声が女たちに与えられた。わたしは、妊娠を継続するか中絶するかという決定に焦点を当てて、研究を再開した。当時のわたしにはジェンダーというものがまったく見えていなかったのだが、男性に関する研究としてはじめたものが、いつしか女性を対象とする研究になっていた。そして、ロウ対ウェイド裁判で最高裁判所が下した判決に続く歴史的な地点において、これまで女らしさの善の典型とされてきた無私であることが、突如として道徳的に問題があることと見なされるようになった。それは声を放棄し、責任と関係性を回避することを意味した。

女性たちの話に耳を傾けることで、自己中心的《セルフィッシュネス》であることと無私であることとのあいだで対立する力によって、彼女たちが道徳判断を形成し、自分たちの選択を引きだしていることに、わたしは繰り返し驚かされてきた。女性たちから、自分がしたいこと（赤ちゃんを産むことだったり中絶することだったり）はすべて「自己中心的」で、他人が望むことを行うのは善いことだと言うのを聞くこともあった。法科大学院を修了したい彼氏が、自分のサポートを当てにしているので中絶するつもりだと言ったニーナのことを覚えている。あなたはどうしたいのかと尋ねると、ニーナは、「愛する人に何かをしてあげることは間違っていますか」と言ってきた。何も間違っていないと言い、もう一度同じ質問をした。このような会話を積み重ねるなかで、「自己中心的」という言葉が耳にこびりついたわたしは、女性たちに「人びとに共感して、そのニーズに応えるのがよいことだとしたら、なぜ自分のニーズに応えることが自己中心的になるんですか」と尋ねはじめた。そして、この歴史的な地点において、女たちは口ぐちにこう答えるようになった。「いい質問ですね」。

第2節　なぜケアの倫理は攻撃にさらされているのか——家父長制への通過儀礼《イニシエーション》

こうして、わたしは女たちに耳を傾けることによって、ケアの倫理学《ケア・エシックス》を理解する上できわめて重要なある区別を行うようになった。家父長制的な枠組みのなかでは、ケアは女らしさの倫理である。民主主義的な枠組みのなかでは、ケアは人間の倫理である。家父長制の文化のなかで、フェミニストのケアの倫理がもうひとつの声であるのは、それが理性と感情、こころと身体、自己と関係性、男と女を結びつけるかたちで、家父長制の秩序を支えるさまざまな分断に抵抗しているからだ。文化の薄い解釈と厚い解釈という人類学者のクリフォード・ギアツによる区別——あるいはむしろ、文化的なステレオタイプやクリシェを、文化そのものの分析と対比するために用いた心理学者ニオベ・ウェイによるこの語の用法——を借りるならば、フェミニストのケアの倫理は、民主主義の薄い理解ではなく、厚い理解を基礎においている。民主主義の薄い解釈は、平等の名のもとに、さまざまな差異を均質化

＊5　一九七三年一月二二日、ロウ対ウェイド裁判において、最高裁は憲法修正第一四条を根拠として、母体保護を目的とする以外の中絶手術を犯罪としていたテキサス州の中絶法を違憲とする判決を下した。この判決により、最高裁は妊娠七カ月以内の中絶をアリカ全州で憲法上のプライバシー権として承認した。なお、ロウ対ウェイド判決は、二〇二二年六月二四日、最高裁によって覆され、その結果、中絶を違法とする州とそうでない州とでアメリカが分断される状況がもたらされた。

してしまうが、厚い民主主義は、民主主義社会が存続するためには、もうひとつの声が不可欠だという前提を基礎においている。[*6]

ここで先に取り上げた最初の問いに答えるとすれば、なぜフェミニストのケアの倫理が攻撃にさらされているのかというと、フェミニズムが攻撃にさらされているからだ。合衆国の文化戦争は、アメリカ社会における民主主義の制度と価値へのかかわり合いと、それでも生きながらえている家父長制の特権や権力とのあいだに、長く続くせめぎあいがあることを露呈させた。真の民主主義社会という青写真の実現を目指して、一九六〇年代と七〇年代が勝ちとったもののなかには、反戦運動、女性運動、ゲイ解放運動による、男らしさと女らしさからなる家父長制の構造に対する直接的な抗議があった。男になることは、必ずしも軍人になることや戦争の準備をすることを意味しなかったし、女になることは、母になることやこどもを産み育てる準備をすることを必然的にともなうことではなかった。いずれのセクシュアリティも家族も、さまざまなかたちを取りうる。しかし、今日にいたるまで、中絶と同性婚は、戦争と並んで、アメリカ政治の矢面に立たされ続けている。

このことは、ケアとケアリングは女の課題ではなく、人間の関心事だという大事な論点に、わたしを立ち帰らせてくれる。ジェンダー化されてしまった正義対ケア論争の本質をはっきりさせないかぎり、わたしたちは、この論争の表面的な対立関係に手を焼き続けるほかないだろう。そして、公正さと権利をめぐる関心が、ケアと責任をめぐる関心とどうまじわるのかという、真に問うべき問いを論じる段階に進むことはできないだろう。他者を迫害したり、他者に対して不当に力を行使したり、他者を利用したりしてはいけないという道徳的命令は、自分を含む、助けを必要とするすべての人を見捨てたり、ケアしなかったり、ネグレクトしたりしてはいけないという道徳的命令と隣接している。しかし、それらの命令は、わたしたち自身の別の側面を引きだすものでもある。公正さと権利は、ルールと原理に属する問題だ。論理は明快だ。女が人であり、人に権利があるならば、女には権利があるというものだ。ケアリングに必要なのは、気を配り、目をやり、耳を傾け、応答するといったことを、敬意をもって行うことだ。その論理は文脈的で心理的だ。ケアとは、わたしたちが相互依存のなかで生きているという前提にもとづいた、関係的な倫理のことだ。しかし、それは無私ではない。

正義対ケア論争の実態を見るために、ジェンダーのレンズをのぞいてみよう。正義は、「理性的な人間《マン》」の属性とされる道理、精神、自己と結びつき、他方でケアリングに結びつく感情、身体、関係性といった「女らしい」関心事は、家父長制において女がそうであるように、理想化されると同時に見下されてきた。こうしてケアは正義に従属するものとして、「特別な責務」か個人間の関係性の問題となる。家父長制の枠組みははっきりと明示されてはいないが、きちんと耳をすませば、ジェンダー二元論とジェンダー階層を聴きとることができる。この道徳のジェンダー化によって、男である

＊6　ギアツの『文化の解釈学』（C・ギアーツ、吉田禎吾・柳川啓一・中牧引允ほか訳、岩波書店、一九八七年）によれば、人間の行動に関してその具体的状況・文脈まで含めて記述するのが厚い記述であり、それをしないのが薄い記述である。ギアツは、イギリスの哲学者ギルバート・ライルの「薄い／厚い記述（thin/thick description）」を人類学に応用したことで知られる。だが「薄い／厚い解釈（thin/thick interpretation）」という表現は、ニオベ・ウェイが自著『ディープ・シークレット』（二〇一一）でギアツのものとして引用しているものの、訳者が出典を調べた限りではギアツ自身は使用していない。

ことは（権利や自由を後ろ盾にして）ケアにたずさわらない免罪符へと簡単にすりかわるし、女であることは、関係性を保ち、平和を維持するためにすすんで権利を捨てることを意味してしまう。しかし、男はケアに従事せず、女は正義に関与しないというのは話にならない。

そうであるならば、もうひとつの声《ザ・ディファレント・ヴォイス》を特徴づけるものはジェンダーではなくテーマである。その違い《ディファレンス》は、理性と感情、自己と関係性を結びつけるところから生まれる。その声は、家父長制的な分断と階層を解消するなかで、民主主義的な規範と価値、すなわち誰もが声をもち、じっくりと話を聴いてもらい、敬意をもって接してもらうことが、いかに重要であるかを強調する。ケアの声と女を結びつけるのは、例外を許容し、また決して女だけに限定することのない、経験にもとづく観察であるが、わたしがこれから考察するように、女のほうが自己を関係性から分離することに抵抗する傾向にある。ひとつだけ例をあげると、ある医学生は、「自分のことを自分自身に説明するとしたら、どのように表現しますか？」という質問に対して、こう答えている。

こう言うとちょっと変に聞こえるかもしれないけれど、わたしはいろいろな意味を込めて母性的なんだと思います。いまがそうではないかもしれないけれど、いついかなる時でも、医者として、母として、誰かを育てる役割を担っているんだと思います。……ほかの人について考えないで自分のことを考えるのは難しいです……。

彼女に自己感覚《センス・オブ・セルフ》が欠けているわけではないが、彼女には、他者から独り立ちしている自分ではなく、他者とつながっている自分について話すことが「変」に聞こえるのだ。彼女は彼女なりのやり方で、自己の分離を前提とする文化に注意をうながし、「わたしは自分のことを熱狂的で、情熱的で、ちょっとだけ傲慢な人間だと思います。心配性で、ひた向きで、昨夜はあまり寝ていないので、今はとても疲れています」と語っている声と、自分の返答との違いにわたしたちを気づかせている。それらは異なる声《ディファレント・ヴォイスィズ》なのだ。一方は自己を表現するときに人間関係に触れているけれど、もう一方は触れていない。

人間関係のなかで生きる女が善いと判断され、自律的な男が理にかなった道徳的行為者とされるとき、道徳は、家父長制秩序のジェンダー・コードと結びつき、それを強化するものになる。家父長制の文化（それがあからさまであろうとも、隠されていようとも）のなかでは、ケアの倫理をともなうもうひとつの声は、女らしい響きをもっている。ところが、それがまさにその声として、その響きのままに聞かれるならば、その声は人間の声である。こどもたちに耳を傾けると、「ずるいよ《イッツ・ノット・フェア》」とか「かまってよ《ユー・ドン・ケア》」という叫びのなかに、わたしたちは道徳的な信念を聞きとる。こどもが大人よりも無力で、大人によるケアなしには生きられないことを考えると、正義とケアへの関心は人間のライフサイクルのなかに組みこまれている。人間関係のなかには抑圧したり（力の不当な行使）、見捨てたり（ケアを欠いた行為）する可能性が内在しているが、ケアの倫理が語りかけるのは、これらの問題に対してである。

理性と感情、こころと身体、自己と関係性を切り離す文化に誘導された《イニシエイティド》こどもたちは、これらの分断がジェンダー・アイデンティティや自分たちに期待された役割と結びついたとき、自分が男らしくない、あるいは女らしくないと思わせるような自分の側面を拒否するか、自分から切り離すよう強いられていると感じるようになる。一七歳のゲイルは、「いろいろと胸にしまいこんでしまう性格なんです。煩わしいこととか、自分がこうあるべきだという感覚と相反するものとかがあると、大きなスポンジみたいに、自分のなかに吸いこんでしまうんです」と、自分のことをとらえている。ニオベ・ウェイによる少年の友情に関する研究に参加した少年のひとりであり、ウェイの本『ディープ・シークレット』にも登場した高校四年生〔アメリカの高校は四年制のところが多い〕のフェルナンドは、男になるということについて語っている。どのような友人関係が理想的かという質問に彼はこう答えている。

おもしろくて、信用できる相手でないとダメというか、その人と一緒にいて楽しめないとね。すぐに飽きてしまう関係なんていやです。退屈だなって思ったら、それはもう本当の友達じゃありません。うーん、ぼくのためにただそばにいてくれるっていうのは、ちょっとね。女々しい感じはいやなんです。……ぼくはある意味、成長したんだと思います。……もっと男らしくなる方法を知っているんです。(p. 242)

ゲイルは、「あるべき姿」になるために(彼女自身や他者の)怒りを吸いこむ術を身につけているし、フェルナンドは、男になる術を身につけるなかで、他者に自分のためにそばにいてほしいと思うことは「女々しい」ことだと学んだ。

家父長制への通過儀礼は、ジェンダーによって突き動かされ、羞恥心と排除によって強化される。その結果、声と記憶を喪失し、みずからの物語を正確に語ることができなくなる。こうしてこどもたちが経験する家父長制秩序への通過儀礼は、わたしたちがトラウマと結びつけて考えるようになった喪失の痕跡や何らかの傷をこどもたちに残すことになる。『十字路で出会う』（リン・マイケル・ブラウンとわたしが書いた少女の発達についての本）に登場する少女のひとりである一二歳のベッカは、みずからが経験した自己感覚《センス・オブ・セルフ》の喪失について、つぎのように話している。

わたしは幸せではありませんでした。自信もありませんでした。……わたしは……自分と向き合っていなかったし、自分のことを考えてもいなかったんです。わたしはただ、この友達のグループに入りたかったんです。……わたしは自信をなくして、自分を完全に自分を見失い、自分という人間を見失っていました。（p. 167）

ウェイの研究に登場した、高校二年生の別の少年、ニックは、友達を失うことについて、つぎのように話している。

こどものころのほうが友情って大切でしたよね。いつも友達を必要としていましたから。……うーん、それがなくなってしまうのは、ちょっと寂しい気がします。でも、いまの友達とは、できるだけ仲良くしようとしているんです。ほら、さっきも言ったように、友達って出会ったり、別れたりするものだけど、いまいる友達は、できるだけ大切にしようと思っているんです。

(『ディープ・シークレット』、p. 155)

そして、意外でもなんでもないことだけれど、こどもたちが、家父長制的な男らしさと女らしさのコードと台本を教え込まれる《イニシエイティド》時期、すなわち、少年は「真の少年」のようにふるまうこと、少女は「善き少女」になることが何よりも重視され、そうしないと恥をかかされ、たたかれ、排除され、ばかにされ、避けられ、とがめられることになる時期に、心理的苦悩の症候が顕著であることは驚くにあたらない。少年たちにとって五歳から七歳というのは、ジェンダーの境界を横断するような少年が、女子、ゲイ、いくじなし《シシイ》、マザコンと呼ばれる時期であり、その時期の少年には、学習障害と発話障害、注意力の問題、無関心、制御不能な行動が高い確率で見られるようになる。思春期になると、少女は、しばしば冷酷な包摂と排除の慣行によって、良い子と悪い子に区分されるが、それ以前は、少女よりも少年の方がうつ病の症候を示すことが多い。思春期には、少女のレジリエンスが[*7]きわめて危険な状況になり、その結果、少女たちのあいだで、うつ病、摂食障害、リストカット、そのほかの破壊的行動の発生率が急増する。高校生活の終わりごろ、つまり、一六、七歳になると、ニックが言うように、「もう誰とも親しくなれなくなる」。そして、この時期に、少年たちのあいだで、殺人事件の発生率だけでなく、自殺率も急激に増加するようになる。

このような経験に目を向けると、民主主義の制度や価値を尊重する社会においてさえも、家父長制が根強く残っていることがよくわかる。その支配の構造は、内面化されることで見えなくなっている。精神に組み込まれたその支配構造は、文化の発露ではなく、自然の一部、つまり、わたしたちの一部のように見える。

フロイト、エリクソン、ピアジェ、コールバーグの理論や、それらを継承している現代の精神分析と認知心理学の理論では、関係性から自己を切り離し、身体よりもこころ、感情よりも理性を高めることは、発達の道のりの重要な節目《マイルストーン》として、成熟に近づいた証と見なされる。この分断そのものが自然なものとされ、発達だと誤解されたり、文明社会にとって必要なことだと見なされたりしている。その過程で苦しむことになる関係性の喪失は、成長するために支払う必要のある代償の一部だと考えられている。発達に関するこれらの説明のなかでは家父長制の手は隠れたままだが、道徳と発達そのものが、父の声や父の法の内面化を前提としていることが判明したとき、突如としてその姿をはっきりと示すことになる。

＊7　レジリエンス（resilience）は発達心理学において研究対象となり、次第に精神医学の領域でも注目されるようになった概念である。日本語に直訳は存在せず、弾力性、復元力、回復力、しなやかさ、立ち直る力、へこたれない精神、打たれ強さなどの訳語が当てられてきたが、近年はレジリエンスという語がそのまま使用されるようになっている。多くの研究者の共通認識として、レジリエンス概念にはふたつの要素、すなわち、①ストレスやトラウマ体験になり得る強烈な脅威やリスクにさらされていること、②その状況から最終的にはポジティヴな結果・適応に至るということが含意されている。

あれはジュディ・チューとわたしが、わたしたちが観察していた四歳と五歳の少年の父親たちと最初に面会したときのことだが、学校の図書館の窓から暗い冬空が見えるなか、まずはアレックスが話を切りだした。彼は、五歳になる息子のニックが「変わり者」なこと、つまり、感情的にオープンで、傷つきやすく、無防備な子だと語る。部屋が静まりかえるなか、アレックスはつぎのように続ける。

あの子は変わり者というか、変わり者であることを望んでいるような子でして、そんな子をどこまで抑えつけたらいいのかというのは、いつだって難しい判断だと思うんです。あの子は学校でいろいろ問題を起こしていますから、そういう意味では抑えつけは必要なんでしょう。……いつも思うんですが、あの子には活力《スパンク》がある。……たいした活力の持ち主なんですが、それが搾り取られてしまうのがいやなんです。だって、わたし自身がそれを奪われたんですよ、まったくおんなじように。

「活力があったころのことを思い出しているんですね」と、わたしは、その言葉が性的な含み〔spunkには活力や活気のほかに精液の意味がある〕を持ち、生命と喜びを連想させることを考えながら、彼に尋ねる。「ええ」と彼は言う。「どうやってそれが失われたんですか?」とわたしは質問する。アレックスはとまどう。「思うに、わたしは学校で問題ばかり起こしていました。……高校一年生くらいになって、やっとそのことに気がついたことを覚えています」。学校ではそれなりに優秀で、成績もよかったと語る彼は、まるで記憶と戦っているかのようだ。「でも、ときどき思いだすんです、ほら」と言うと、いったん中断し、それから話を再開する。「保護者会があったんですが、そこで「この子は手に負えない。エネルギーがあり余っている」とか、そんな感じのことを言われたんです」と言う。彼は両親や教師が言ったことは覚えているが、ほかのことなら雄弁なこの男性は、自分のことになると言葉に詰まりだし、彼が覚えているようなこと、「手に負えない」ことや「エネルギーがあり余っている」ことと結びついた何らかの感情だったり、精神の高揚だったり、生命力だったりを言葉にすることができずにいる。「いい子になっただけなんです」とアレックスは言う。「一生懸命勉強して、そうやってみんなのなかに溶けこんで、陸上の練習にも励もうと決めたんです、ただそれだけです」。もうひとりの父親のトムが、「あれはエネルギーを吸い取りますよね」と口をはさむ。しかし、アレックスは、「そして、それは悲しいことだったんです」と話を続ける。五歳の息子について、「こんなことが本当に起こってほしくありません」と言う。「それの何が問題なんですか」と、別の父親のマイケルが尋ね、「あなたは何を失ったんですか」と聞く。アレックスは身をもって説明するかのように、淡々とした口調で「活力を失ったんですよ」と語る。

アレックスは教授であり、若くして一流大学で終身雇用資格《テニュア》を取得した。妻とは別居し、こどもたちとのつながりをもっと深めようとしている。彼は、どうすれば善き男、善き父親になれるのか、どうすれば自分の父親と同じことを繰り返さずにすむのか、どうすれば自分自身と、そして女性たちとうまくやっていけるのか、どのように息子と娘を育てるのかという、たくさんの男たちが奮闘する問題にもがき苦しんでいるひとりの男性だった。そして、それは優位な立場からなされることになるのであり、それは彼が、家父長制の階梯の高い位置に身を置きながら、こどもたちにとって最善でありたいと願っているからだ。ここに、相いれない問題が生じている。アレックスは、ニックが自分と同じ道を歩むことを恐れていると同時に、ニックがその道を外れることも恐れているのだ。マイケルは、息子のゲイブの「感受性」、「本当の喜び」、「友達と過ごすうれしさ」といった特性を大切にしており、それらを思うとき、「ゲイブにはそういうものを絶対に失くしてほしくありません」という言葉を口にする。マイケルの青ざめた顔に浮かぶ悲しみを見れば、喜びと親密な友情とは、マイケルがいま求めているものなのだとわかる。

第3節　鍵としての少女と女の声——家父長制への抵抗

倫理学者のマイケル・スロートは、『倫理学史についてのエッセイ』で、道徳の哲学的理解と心理学的理解を統合することの利点を強調している。カント主義者（黄金律）、功利主義者（最大幸福）、アリストテレス主義者や徳倫理学者といった哲学者が通常行ってきた区分の代わりに、彼は道徳理論を心理学的スペクトラム、つまり分離性から接続性への連続体として構想している。彼はこの方法が、さまざまな道徳理論の差異を、より包括的に、そして同時によりわかりやすく説明するものだと考えている。そのことをこういう言葉で述べているわけではないけれど、彼は、ケアの倫理学に光を当てることで、道徳理論を再構成することになるパラダイムシフトを提唱しているのだ。

同じようにバラク・オバマが大統領選を「信じる道へと針路を変えよう《チェンジ・ウィー・キャン・ビリーブ・イン》」という呼びかけではじめたとき、彼はもうひとつの声に呼びかけていた。この呼びかけによって巻き起こった反応は、行き詰まった会話に代わるあたらしい会話への切望を表していた。とてつもなく大きな期待が寄せられた。彼が当選した夜、ニューヨークの街は歓喜の渦につつまれ、解離《ディソシエーション》からの脱却にともなうエネルギーの放出を思わせた。オバマはイラク戦争について、社会正義について、経済、国家、わたしたちの生活の状況について、わたしたちが知っていることを知るようにうながしていた。その夜、民主党の指名を受けて、オバマは、わたしたちに真実を語り、自分に賛同しない人たちにも耳を傾けることを約束した。ジョージ・W・ブッシュ（「決定者《ザ・ディサイダー》」）の家父長制的な男らしさから、バラク・オバマのより民主主義的な男らしさへの転換は、目に見えて実感できた。その後に続いたいくつかの幻滅は、期待していたほど透明性がなく、思っていたほど変化がなかったことにより、いまなお旧時代の闘いにはまり込んでいることに気づいたわたしたちの失望を反映したものだったのだろう。オバマ政権に対する分析のなかでジェンダー問題に照準を合わせたものはなかったが、オバマの男らしさは政治的立場の違いを越えて問題視され、ディック・チェイニー〔ジョージ・W・ブッシュ政権時代の副大統領で、オバマの外交政策を強く批判した〕は、オバマを「優柔不断」だ、「弱腰」だと評し、左翼の批評家は、オバマは軍とウォール街*8に立ち向かっていないと批判した。ある政治学者の友人が指摘したことだが、女らしいものとしてジェンダー化されたヘルス

*8　アメリカのニューヨーク市マンハッタン島の南部にある街路のこと。ニューヨーク証券取引所の所在地であり、多くの銀行や証券会社などが立ち並ぶ。転じて、アメリカの金融・証券市場のことを指す比喩でもある。

ケアはコストがかかり、政府の責任の外にあると考えられているのに対して、男らしいものとしてジェンダー化された軍事費とウォール街については割とフリーパスで話が通るのだ。わたしたちは、民主主義が最後には家父長制に勝利するのだと信じていたのかもしれない。

人文科学のパラダイムシフトは、このようなジェンダーの問題にあたらしい光を投げかけている。わたしたちは、自分たち（あるいは、少なくともわたしたちのうちの男たち）を生まれつき攻撃的で競争的なものと見なし、理性的であれ非理性的であれ自己利益を追求するものと見なすことに慣らされていた。タイトルに「共感」や「協力」という言葉を冠したたくさんの本（『共感の時代』、『共感の文明』、『なぜわたしたちは協力するのか』など）に見られるように、わたしたちは生まれつき共感的で協力的であり、他者と愛し合い、他者とともに民主主義的に生きる能力を秘めている、という新たなコンセンサスが生まれつつある。自身の本に『ともに《トゥゲザー》』というタイトルをつけた社会学者のリチャード・セネットは、競争的な世界のなかで協力することの難しさを強調している。心理学者がそこで問うのは、つまりわたしが問いたいのは、わたしたちの共感と協力の能力に何が起こっているのか、わたしたちは人間性をどのようにして失うのか、あるいは、わたしたちは人間性を失ってしまうのか、というものだ。

こうして、わたしは最後の問いにたどり着く。なぜ女なのか。いまなお女の声は、家父長制の名残りから民主主義を解放するための鍵となるのだろうか。わたしはこの問題が、本質主義や社会化にかかわるものではなく、発達と通過儀礼にかかわるものだと主張したい。女が男と本質的に異なるとかまったく同じだとかという話でもないし、よくあることだが、男と女が異なる役割を演じるように社会化されているという話でもない。そうではなくて、健康な身体と同じように、健康な精神も病気に抵抗するということだ。人間の本性と家父長制の構造とのあいだには固有の緊張関係があり、それが健康な精神に、声を失うことや関係性を犠牲にすることを命じる通過儀礼に対して抵抗を導いている。健康な精神は、解離から自由になるために、つまり、自分自身や自分の経験の一部を認識の外に置こうとする意識の分断から自由になるために闘うのだ。そうでなければ、女たちはどうやって主体性《エージェンシー》を、財産の所有権を、投票権を、公正な賃金を、そして、リン・マイケル・ブラウンとわたしが「優しく、親切であることの専制」[*9]と呼ぶものからの解放を含めた自由を守ろうとする意志を見いだせただろうか。政治的な植民地化だけでなく心理的な植民地化から、どうやって自由になれるのだろうか。

神経生物学者のアントニオ・ダマシオによると、わたしたちは一瞬一瞬の経験を記録している。わたしたちは身体と感情のうちで、音楽や「出来事の感覚《フィーリング》」を拾い上げているのだ。[*10]これらのシグナルをこころと思考に記録しそこなうと、思考は経験から切り離され、あっさりと偽りの権威の支配下に置かれてしまう。愛と民主主義のための基盤が、わたしたちの足元から取り払われてしまうのだ。

一九八〇年代はじめ、『もうひとつの声で』の完成後、わたしは当時の心理学史の空白を埋めるべ

*9　ブラウンとギリガンは、共著『十字路で出会う』（一九九二年）のなかで、少女が周囲の反応を気にしたり、優しくて親切な「完璧な少女像」に囚われたりすることで、自身の怒りや主張を抑えこむようになる心情を分析しており、そのような状況に少女を追いやるものを「優しく、親切であることの専制（the tyranny of nice and kind）」と表現している。

く、少女の発達の研究をはじめた。一九八〇年に出版された『青年期心理学ハンドブック』の編者であるジョセフ・アデルソンは、少女たちは「疑う余地なく、ほとんど研究されてこなかった」し、青年心理学には「かすかにであるが、まぎれもない男性バイアス」があり、それが達成、自立、分離の過度の強調と、いたわり《ナーチャランス》、親密性、関係性の軽視をもたらしてきたと述べていた。劇作家や小説家の主題となってきた、大人にさしかかる時期の少女たちの経験は、その大部分が、心理学者に解明されてこなかったし、少年の生の「女らしい」側面も、男性バイアスのために見落とされてきた。

　このことを知れば、一一歳のエイミーの声が、『もうひとつの声で』の多くの読者を動揺させた理由が、よりはっきりとわかる。それは、沈黙させるか、軽んじるものとして学んできた声であり、読者たちは、エイミーの曖昧なものの言い方よりも、一一歳のジェイクの明晰さを好んだのだ。癌で瀕死の状態の妻がいるハインツという男性が、妻の命を救うために高過ぎる値がつけられている薬を盗むべきかどうか、という質問に答えるために、ジェイクは、財産には代わりがあるけれど、命には代わりがない（「ハインツは二度と妻を取り戻すことができません」）からハインツは薬を盗むべきだと述べる。
それに対して、エイミーはつぎのように答える。

> うーん。ハインツが盗むべきだとは思いません。盗む以外の方法もあるかもしれないと思います。たとえば、お金を人に借りるとか、ローンを組むとか。でも、とにかく本当に薬を盗むべきではないと思います。でも、ハインツの妻も死ぬべきだとは思いません。（『もうひとつの声で』p.28.邦

訳一〇四頁）

なぜハインツは薬を盗むべきではないのかと尋ねると、エイミーはつぎのように答える。

もしハインツが薬を盗んだら、妻を助けることができるかもしれません。その時はそれでよいかもしれないけど、きっと盗んだら牢屋に行かなければならなくなるでしょう。そうしたら、妻はもっと病気が悪くなってしまうかもしれないけれど、ハインツはもう薬を持ってくることができないから、よくないと思います。だから、本当にただただよく話し合って、お金をつくる他の方法を見つけるべきです（同前）。

エイミーの応答から、わたしたちが気づくことは多く、それは社会階級や正義のシステム、意志決定にあたって名もなき妻に積極的な役割を与えていること、そして、説明が物語の形式をとっている

＊10　人間がなんらかの出来事（同僚の死が告げられるなど）に遭遇することによって身体は「顔が紅潮したり蒼白になったり」するが、こうした「〈なにがしかの心の評価的なプロセス〉（……）と、それがもたらす身体的反応との組み合わせ」がエモーションである。対して、こうした心身の組み合わせが「神経信号や化学信号によって有機体の脳に即座に、しかも連続的に報告され」ることで「それに対応する心的パターン（イメージ）が脳内に生成」される「状態」がフィーリングであり、フィーリングには認識できていない（無意識の）部分があるとされる。これらの点についてはダマシオ『意識と自己』（田中三彦訳、講談社、二〇一八年）の四三八―四四一頁を参照。こうしたダマシオの論点は、家父長制的な精神分析やデカルト的心身二元論に対するギリガンの批判的考察を支える背景のひとつとなっていると思われる。

ことと関わっている。しかし、もっとも際だったのが、エイミーがインタビュアーの質問に答えていないとする認識だろう。エイミーにインタビューした女性は、「ハインツは薬を盗むべきか」（盗むことは正しいか間違っているか）と尋ねたが、エイミーは「ハインツは薬を盗むべきか」（盗むことは最善の策か）という質問として受けとっている。すると、彼女の答えは筋の通ったものになる。彼女が言うように、この問題を解決するのに、もっとよい方法があるのかもしれない。エイミーの声が人を不安にさせるのは、それが声を与えているものが、経験としては真実のように聞こえるが、現実や道徳として社会的に構築されてきたものとは調和しないものだからだ。少女の発達についての研究によって露わになったのは、経験と社会的に構築された現実とのあいだのこの不一致だった。

　この観察のなかでもたらされた重要な発見は、思春期を迎えた少女たちが、声を持つことか関係性を持つことかという、心理学的には意味をなさない選択を迫られている感じについて話していることだ。みずからの声を押し殺し、何を考え、何を感じているかを言葉にしないことは、関係性を放棄することであり、他者とのつながりのなかで生きる可能性をあきらめることだ。逆に言うと、共鳴のないところでは、声は沈黙のなかにひきこもってしまう。わたしの共同研究者たちとわたしは、少女たちが関係性の危機について語るのを繰り返し耳にした。それまで、ありふれた当たり前のものだと思っていたつながりの経験が、突如として問題視されるようになる。高校に入学して若い女性になるとき、少女たちは、身体からこころを、感情から思考を、関係性から正直な声を分離するようにうながされる。かすかであったりそうでなかったりするさまざまなやり方で、目にしたことを語らないように、耳にしたことを聞かないようにうながされる。大人にさしかかる時期の少女たちは、逆説的なことに、関係性を維持するために沈黙の圧力を回避せねばならなかった。

共同研究者たちとわたしが聴いたのは、自分の考えと感覚《フィーリング》を内緒にしておくことで得られる、さまざまな利点や報酬を挙げる少女たち〔の声〕だった。彼女たちは、自分たちが成長してきた文化、すなわち、思春期の少女が自分の身体とつながることに不安を感じ、しばしば女の欲望や感情を疑うような文化を読みとっていたのだ。わたしたちは、より高く評価される男らしい特性に自分自身を合わせ、ほかの少女や女を軽視する少女たちを目にした。しかし、この調査の過程でわたしがもっとも感銘を受けたのは、少女たちの正直な声の明快さと、妄想の関係性だと理解しているもののために自分たちの声を押し殺すことに抵抗する粘り強さだった。通過儀礼の圧力に屈しているときでさえ、自分の考えを述べることができる少女は、自分の経験を語り、自分の身に起こったことを振り返ることができる。大人の女になるということは、何が真実で、何が現実かという感覚を混乱させるおそれがあった。嘘をついてもいいことはあるかという会話のなかで、都市の公立小学校の五年生である一一歳のエリスは、「わたしの家は嘘で塗り固められている」と言った。

つぎの出来事は、発達にまつわる研究の鍵となるような発見を要約したものだ。民族的にも社会的階級の背景も多様でありながら、共通して高い教育を受けてきた七歳から一八歳の少女一〇〇人近くを対象とした、五年間にわたる長期の横断的研究の終わりに、わたしは少女たちに会いに行き、彼女たちの声が女たちと男たちに与えた反応について伝え、共同研究者たちとわたしが研究成果を発表し、それを著書（『十字路で出会う』）として出版する準備をしているなか、そこに彼女たちはどのようにかかわりたいのかを尋ねる。一三歳の少女はためらうことなく、「わたしたちが話したことはすべて伝えてほしいし、わたしたちの名前を本に載せてほしいです！」と答える。自分たちの名前を、インタビュー引用文の隣に書いてほしいか、それとも本の冒頭部に載せてほしいか尋ねると、九歳の自分の言葉がどのように聞きとられるか見越してか、トレイシーは、「九歳のころ、わたしたちは馬鹿だったな」と言う。わたしは「馬鹿」だなんて言葉は思いもよらなかったと答え、なぜならわたしがもっとも感動したのは、九歳の少女たちがいかに多くのことを知っているかということだったからだと述べる。するとトレイシーは、「九歳のころ、わたしたちは正直だったってことです」と言う。九歳から一三歳のあいだに、正直な声は馬鹿みたいに聞こえるようになったのだ。

そして、それでも少女たちが失うことに抵抗しているのが、その声なのだ。

一九世紀半ばから現在にいたるまで、精神分析学家と心理学者は、思春期に少女たちのレジリエンスが高いリスクにさらされるということ、そして、それは一般的にホルモンの影響や社会化が原因であると見なしてきた。しかし、少女たちの話を聴くことで、共同研究者たちとわたしに見えてきたのは別の事態であり、彼女らのレジリエンスが損なわれるのは、受け入れられ、愛されるためには正直な声を押し殺さなければならないことに彼女らが気づいたときだということだった。社会への適応には、心理的な対価をともなうし、さらに究極的には、政治的な対価をもともなう。声と関係性を犠牲にするならば、心理的な健康は損なわれるし、民主主義社会の実現も危ぶまれる。

家父長制の秩序を構築し、それを維持するジェンダーによる分断と階層〔の世界に〕自分たちが誘導《イニシエーション》されたことをはっきりと伝えられる少女たちは、単に自分たちの問題だけにとどまらない問題に声を与えることができる。自分たちの周囲の人間世界を読み取ることができる少女たちの鋭さを目の当たりにしながら、わたしは、〔三人の〕息子の母として、少年たちもそのようにしているという思いをめぐらす。しかし、少年であることは少女ではないことであり、支配的でもあることだとするような男らしさ〔の世界〕に少年たちが誘導されるのは、通常、思春期に獲得する経験の幅や認知能力をまだもっていない、より早い発達段階においてである。小さな男の子もまた、隠された感情も含めて、人間の感情的な世界を敏感に読み取っている。五歳のトニーは、「ママ、どうして悲しいのに笑っているの?」と聞いてくる。ニックの父親であるアレックスが、前日に「正気を失って」、ニックを殴ってしまったため、反省の言葉を述べると、ニックは、「ぼくを殴ると、ぼくも大人になったときにこどもを殴るかもしれないと恐れているんでしょ」と言う。アレックスは父親に殴られて育ち、自分はその連鎖を断ち切ろうと心に誓っていた。五歳のニックは、その連鎖が次世代に受け継がれることへの父の不安をかぎ取っている。

四、五歳でこどもたちは、物事のあり方を学ぶようになる。思春期には、中等教育を受け、高次の思考（思考について考える能力）を身につけることで、物事がどのように語られているか、すなわち、物事の語り方であったり、どう語り、どう語られるのが正しいのかであったりを学ぶようになる。ジェンダーの話をすれば、生殖可能な成熟に到達する思春期までは、少年たちよりも少女たちのほうが自由を与えられている。ワンピース姿で登校する少年を想像してみるだけでいい。思春期になると、少年たちはより内省的になるが、少女たちは、思春期に通過儀礼のショックを受けるので、少年が男らしさを疑われる恐れがあるためにオープンに言えないことを、より容易に口にできるようになる。

わたしたちは、なぜ少女と女が家父長制の構造を暴く鍵となるのか、なぜ彼女たちが家父長制の実践を民主主義の実践に変えていくことを主導できるのかを理解しはじめている。男の通過儀礼より女の通過儀礼が後の時期にあることによって、少女と女たちは人間の経験のいくつもの面に、ずっとあっさりと声を与えることができるのであり、そうでなければ、その経験は語られることも見られることもなく終わりかねない。しかし、思春期に達した少女たちが、関係性を築き、世の中でうまくやっていくために、自分たちが見ているものを口にするな、知っていることを知ろうとするな、正直な声を捨てよと迫ってくる圧力の下にいることも、わたしたちは理解できる。

わたしたちは一〇年以上にわたって、学校での授業や放課後のさまざまな環境で、少女の発達について研究し、少女たちの抵抗の軌跡を浮かび上がらせてきた。心理的な負担の大きい喪失への健康的な抵抗は、少女たちが権力に対して真実を語るとき、政治的な抵抗の性質を帯びる。一五歳になったエイミーは、ハインツのジレンマの課題を受けたとき、インタビュアーに向かって「状況がリアルじゃないです」と応えている。癌の薬はどこにあるのか、ドラッグストアの棚の上にあるのか、と彼女は問いかける。「その話を信じるのはたいへんです」と彼女は述べる。いとこがホームシックになっているにもかかわらず、キャンプディレクターが規則に反するから親に電話してはいけないと言ったとき、シャウニャは、「ちょっと待ってください、彼はまだ七歳なんですよ。規則よりも人のほうが大切じゃないですか」と発言する。このような表立った抵抗が効果的な表現の方向性《チャネル》を見つけることができなかったとき、それは地下にもぐって沈黙するか、解離して意識の外に置かれるかして、心理的な抵抗、すなわち、知っていることを知りたがらない抵抗へと転じてしまうだろう。

　家父長制におけるジェンダー・コードとその慣習の制度的な強制にさらされる時期が少女の方が遅いということは、記憶の連想パターンや芸術活動を通じてであれ、社会的・文化的な共鳴への移行を通じてであれ、少女たちの抵抗が、より意識しやすく、回復しやすい傾向にあることをも意味している。女の声が沈黙したり、沈黙させられたりするときに暴力が生じるといっても、それは女が暴力をふるわないとか、暴力をふるえないということを意味するものではない。一般的に、少女たちのほうが関係性のなかで鍛えられ、決裂と修復のプロセスに対応できること、そして、暴力そのものはジェンダー的な男らしさに割りふられ、軍国主義や名誉に結びつけられていることは事実である。しかし、女の声が決定的に重要なのは、さまざまな理由から、女のほうが家父長制の物語を偽りの物語であると認識し、それをそう名指す可能性が高いという認識があるからだ。家父長制の物語における女と男の表象は明らかな偽り（女は思考せず、男は感じないとか、女は関係性をもち、男は自己をもっているとかという主張はナンセンスだ）であり、問題は、どうしてこれらのジェンダー・ステレオタイプがこれほどに根強く、どうしてわたしたちはそれを繰り返してしまうのかということになる。

　ここで、出発点に戻ろう。女の声を聴くことを妨げているものは何なのか。女が本当に感じていることや考えていることを口にするのを阻むものは何なのか。わたしが中絶の決定について妊婦たちにインタビューしていたとき、当時大学教員の同僚だったローレンス・コールバーグが、ハーバードの彼の授業で、中絶が道徳的ジレンマであるかどうかの決を取った。胎児は権利をもたないので中絶は道徳的ジレンマではないという見解が支持されたと、コールバーグは報告した。だとしたら、女性たちは何も語っていなかったのか、そこには道徳的な問題が何もなかったのか、と考えたことを覚えている。当時からいまにいたるまでわたしに衝撃を与えているのは、妊娠を継続するか中絶するかという選択にかかわる倫理的な問題に思い悩む女性たちによる、わたしが耳にした、そして耳にし続けている語り方と、公的な中絶論争の用語とが調和しないということだ。多くの女性にとって、もっとも重要な倫理的な問題は、抽象的な道徳の世界《ユニヴァース》で胎児に権利があるかどうかではなく、責任とケアの衝突をどのように解決するかということにある。しかし、権利論争の枠組みのなかで、これらの関心を聞き違えられたり誤解されたりせずに示すのは女にとって依然として難しく、最悪の場合、人殺しと呼ばれるか、空騒ぎをしていると言われてしまう。

『もうひとつの声で』を執筆することで、わたしは、女の声に耳を傾けることは権威的な声に挑戦することだとはっきりと気づくようになった。わたしはこの本の議論を演繹法で組み立てた。すなわち、もし女たちの声が、心理学理論や道徳理論の声と異なるならば、問題は女たちにあるのか、それとも理論にあるか。わたしの答えは、両方に問題があるというものだった。理論の方の問題は、もうひとつの声を必要とするというものだが、このことは、現実と道徳の支配的な構造が自分たちの経験と一致しない世界で生きる男と女にとっても問題を引き起こしていた。というのも、その世界は、女たちが自分の話を聞いてもらい、理解してもらおうとすれば、自分が本当に考えたのとは別の仕方で考えることを学ぶ必要があったからだ。人間の会話と呼ばれていたもののなかにいくつもの女の声を導入することが、パラダイムシフトを引き起こし、枠組みを変化させ、それによって会話の声を一変させた。沈黙を突き破る音のように、女たちの声は、〔知っていることさえも〕知らない〔とする〕ことと解離とでできた集合体をうち破ったのだ。女たちが近親姦やその他のかたちの虐待を含む、自分たちの経験をよりオープンに語れるようになると、男たちも、自分たちが受けた暴力の経験について話しやすくなり、そのことが蔓延していた司祭の性的虐待のスキャンダルの発覚につながった。

『歓びの誕生』のなかでわたしは、なぜわたしたちが悲劇的な愛の物語にこれほどまでに惹かれるのかという問いを提起し、その理由として、それが、わたしたちが知っているか、理解する必要のある物語、そうでなければ、ややもすれば繰り返してしまうトラウマの物語だからだと述べた。悲劇的な愛の物語は、典型的な家父長制の物語であり、アブラハムとイサク、エフタとその娘、アガメムノーンとイピゲネイアの物語などがある。その物語は、父親には階層と名誉のために愛を犠牲にする意志があることを伝えているが、同時に、より巧妙なかたちで、愛が家父長制の敵であるということも伝えている。というのも、愛は家父長制の境界を踏み越え、その階層を解消し、そのようにして物事がどうあるか、どうあるべきかという家父長制のもっとも基本的な前提に挑戦するものだからだ。『ウエストサイドストーリー』や『ロミオとジュリエット』について考えてみればいい。わたしたちはいまや、思いやり《ケア》の欠如がケアを不可能とすること、そして、声のアンチテーゼが暴力であることを知っている。

わたしが『もうひとつの声で』を書いてから数年のうちに、人文科学研究は人間の条件に対するわたしたちの理解を変えた。霊長類学者のフランス・ドゥ・ヴァールは、『共感の時代へ』（二〇〇九年）で、競争と攻撃性を強調するあまり、人間の本質に関する前提が歪められてきたとして、「人間の本性に関する前提を全面的に見直すこと」（p. 7. 邦訳一八頁参照）を呼びかけている。彼の研究が、人間を含む霊長類に共感的な本性があることを示す広範囲な証拠を提供したことで、現在ではますます多くの科学者が、「情動《エモーショナル》知能」、「関係的な自己」、「感じる脳」について言及するようになった。旧来のジェンダー二元論は崩壊しつつある。しかし、このように変化する会話のなかで、ある歴史が失われたり、書きなおされたりすることがよく起こる。当初のような洞察は、理性と感情、自己と関係性、こころと身体を結びつける女たちに耳を傾けたことから生じた。気候変動、パンデミック、核兵器の時代において、人びとが相互依存のなかで生きていることは自明のことになった。このような認識をもつことで、パトリシア・パペルマンが書いたように、「人は例外なく傷つきやすい」ということが明らかになる。かつて女と結びつけられていた傷つきやすさは、人間の特性なのだ。

こうして前途に目を向けると、わたしたちは困難を予期することができる。もうひとつの声が異なるもの《ディファレント》として聞こえるかぎり、民主主義と家父長制とのあいだの緊張は続くことになる。ケアの倫理が、ひとたび正義の枠組みのおまけの位置から解放されれば、それは、何が問題なのかを明らかにする仕方で奮闘をかたちづくり、イデオロギーではなく人間性にもとづいた抵抗の道を明るく照らしだすことによって、わたしたちを導くことができる。その途中で道に迷ってしまったとしても、声を聴くこと、物事がいかにジェンダー化されているかに注意を向けること、偽りの物語を見抜くみずからの能力を思いだすことを、わたしたちは忘れずにいることができるのだ。

第2章

わたしたちはどこから来て、どこへ向かうのか

Where Have We Come From and Where Are We Going?

ある寓話

ある大学のある学科《デパートメント》で――「どの部局《デパートメント》かはふせておくほうがよい。部局よりやっかいなものはないものだ」[*1]と書いたゴーゴリにならっておきましょう――、ある年（一九九〇年代の半ばとだけ言っておきます）に、こんな出来事がありました。それは秋の、学期のはじめごろのことだったのですが、ある学生さんが彼女の指導教員である教授さんのもとを訪ねてきました。その学生さんは前年度まで修士課程に在籍していた学生で、教授さんの知るその学生さんは、情熱的で、知的で、はつらつとした、元気のいい若い女の子でした。ところが、その日、教授さんの研究室に入ってきた女の子は、顔色がさえず、沈んだ様子だったのです。「何かあったの？」と教授さんが尋ねると、「何も聞いていませんか？」と学生さんは応じました。教授さんは何も聞かされていませんでした。

学生さんは、学科長さんが担当する、博士課程一年生向けの必修概論科目であるプロゼミ〔学部生も参加できる大学院のゼミ〕でもちあがった事件のことを話しはじめました。授業を受けていた別の学生が、女性心理学に関する講読がないことに抗議したのです。この問題の是非をめぐって議論が勃発しました。どうやら、学科長さんは、抗議した学生（そういうわけで「フェミニストさん」として知られるようになった女の子）に、心理学者になりたければ心理学で主流の分野を選択すべきだとアドバイスしたらしいのです。このような見解は学科長さんに限ったものではありませんでした。同僚のひとりなどは、別の学生（彼女は思春期の少女におけるリストカットの流行について研究していました）に、自分の研究を軽く見られたくなければ、ジェンダーを分析の枠組みとして使うのはやめるようにと忠告したというのです。

いずれにせよ、この問題はプロゼミに落ちた一滴のしずくにすぎませんでしたが、波紋を起こさずにはおかないものでした。女性心理学を研究したいという意向を願書に明記していたフェミニストさんは、研究科長さんのもとへ行き、学費を返還するように要求しました。それを黙って見ていた受講生のみんなは、身を引き裂かれるような思いでした。レズビアン（クリー族は「ふたつの精神をもつ者」と呼びます）のネイティヴ・アメリカンさんは、家に帰ってから嘔吐してしまいました。

学生さんがこの話をしているあいだ、教授さんは彼女の顔をじっと見つめていました。表情には覇気がなく、声にはあきらめがこめられていました。教授さんは学科内での自分の立場を振り返り、こ

＊1　ニコライ・ゴーゴリ『外套・鼻』（平井肇訳、岩波文庫、二〇〇六年）の七頁を参照。

の問題を個人的に引き受けるかどうかを考えました。教授さん自身、学科内でやや片隅に置かれたような存在だったのですが、そのおかげで、ある種の自由が与えられており、研究科長さんの言葉を借りれば、「学校内学校」を運営していました。そんな気質をもつ教授さんだったので、不満をもつ学生たちで集まって、みんなが勉強したい本を読んで議論する場を設けてはどうかと提案しました。そうして、やがて「地下ゼミ」と呼ばれるようになるものがスタートしたのです。教授さんの研究室で開かれた週一回の集まりは、フェミニストさんとネイティヴ・アメリカンさんを含む五名の博士課程一年生の学生が出席し、一種の路上公演のような形を取ったコンシャスネス・レイジング[*2]によって勢いをましていきました。毎週、「今週の引用文」が学科のエレベーターに掲示され、オードリー・ロード〔Audre Lorde（1934–1992）。アメリカの作家、フェミニスト〕の「主人の道具では、絶対に主人の家を取り壊すことはできない」〔ロードのエッセイのタイトル（*The Master's Tools Will Never Dismantle the Master's House*）〕という言葉から、『リア王』の最後の一節「言うべきことをではなく、切実に感じていることをそのままに述べねばなりませぬ[*3]」という言葉まで、さまざまな抜粋がそこに並べられました。

セメスターも進んだ、学期《ターム》の半ばごろ、教授さんは研究科長さんのオフィスから一本の電話を受け取りました。視察委員会が来ており、そのメンバーのうちふたりが教授さんの講義の見学を希望しているというのです。教授さんが「どうぞ」ということでやってきたふたりは、教授さんに向かって左側の最前列に着席し、二時間ずっと眠らずに聴講していました。講義が終わると、ふたりはお礼を言いに駆け寄って来て、博士課程のことをもっと知りたいと言うので、教授さんは何人かの学生に会ってみてはどうかと提案しました。

こうして、一一月のある雨の朝、視察委員会からひとりの女性が地下ゼミにやってきました（彼女の友人は体調がすぐれないのでホテルに残りました）。博士課程での体験を聞きたいというお客さんの意向を教授さんから聞いた学生たちが、学科のプロゼミで起こった出来事を彼女に話すと、お客さんはひどく驚いた表情になりました。それはお客さんが想像もしなかったことでした。お客さんは思春期の娘の母親だったので、女と少女についての研究が特に有益であることを知っていたのです。

一カ月もしないうちに、お客さんは友人のほかにさらにふたりの女性を募り、その四人で、ジェンダー研究の講座、そして、その講座に配属される大学初のジェンダー研究の教授職を援助するための資金を共同出資してくれました。寄付講座が学科に設置され、この大学の女性初の研究科長である前研究科長さんの名前がしかるべく冠せられました〔講座名は、the Patricia Albjerg Graham chair in Gender Studies〕*4。

それから一二年が過ぎました。鬱屈としていた学生さんはかつての元気を取りもどして大学院を修了し、やがて、アイビーリーグのある大学で終身雇用資格《テニュア》を獲得したあと、ふたりのこどもの母親になっていました。教授さんのほうは別の大学に移っていました。

そんな二〇〇九年のある春の日、教授さんは、ジェンダー講座名の由来となった女性研究科長さん

---

*2　一九六〇年後半のアメリカでフェミニストによって生まれた運動形態。あるテーマについてグループで一定期間話し合うことで、意識変革をみちびくことを目的とする。

*3　シェイクスピア『リア王』（野島秀勝訳、岩波文庫、二〇〇〇年）、二九〇頁。

*4　一九九七年、ギリガンはこの講座の最初の教授（the Patricia Albjerg Graham Professor of Gender Studies）になった。

から一通のメールを受け取りました。研究科長さんの専門領域は歴史学だったので、心理学と歴史学を統合した自分の新著[*5]に興味をもたれるかもしれないと思っていた教授さんは、彼女に献本していたのです。研究科長さんは教授さんにお礼を書いてきたのでした。教授さんと同じように、研究科長さんも心理学と歴史学をめぐって重ねてきたふたりの会話を思い出して、読むのを楽しみにしているとのことでした。

研究科長さんは、あなたも興味がおありかもしれないと言い、研究科長さんの栄誉をたたえて名づけられた講座のあたらしい担当者として、自分の前任の学科長さん（プロゼミで教えていた女性）が選ばれるようだとつけくわえていました。続けて研究科長さんは、まだ健在であった三人の寄付者が話し合ったすえ、その講座はもはやジェンダーに焦点を当てる必要がないと結論したと説明していました。

教授さんは、以前の同僚が寄付講座に就く栄誉に与ったというニュースには驚きませんでしたが、その任命に皮肉を感じずにはいられませんでした。教授さんが驚いたのは、もともとジェンダーを研究領域として正当化するために寄贈した講座の名前から「ジェンダー」の看板をはずすことを、寄付した女性たちがいとわなかったことです。

すでにお察しかもしれませんが、わたしがこの物語の教授さんで、これをひとつの寓話にしたてたのは、ジェンダー講座が歴史記録の一部となるのではなく、むしろ、これらの出来事は素通りされてしまっていて、もはや歴史に刻まれることもなく、いまでは神話や言い伝えとしてのみ存在しているからです。『ハルーンとお話の海』の冒頭で、サルマン・ラシュディはつぎのように書いています。

「むかしむかし（……）、悲しい町がありました。とても悲しい町で、悲しみに押しつぶされて、町は名前もすっかり忘れていました」〔*Haroun and the Sea of Stories*, p. 15, 邦訳一二頁〕。プロゼミのフェミニストさんをめぐる寓話の結末では、講座がつくられた理由も同じように忘れ去られてしまっていたのです。

わたしたちはどこから来て、そしてどこへ向かうのだろうか。女たちの生に想いをめぐらせながら、わたしたちはいまどこにいるのかと自問していたわたしは、「わたしたち」という代名詞に曖昧さを聞きとった。無意識からのひと突きのように、この曖昧さがわたしの言いたかったことを思い出させた。女の生は、わたしたちが人間として旅をしてきた道筋だけでなく、その先に続く道をも照らしだしてくれるひとつのかがり火――あるいはヴァージニア・ウルフ〔Virginia Woolf（1882–1941）。イギリスの小説家〕が言うように、ひとつの灯台――である、ということだ。女の声は、わたしたちが道に迷わないようにこだまをとどけることができるのだ。

過去半世紀にわたるたくさんの女たちの生における変化は、女の権利は人間の権利だという認識、あるいはもっと言えば、要するに女だって人間なのだという発見から生まれてきた。それでも、『もうひとつの声で』という本を書くというのなら、女は男と同じなのか違うのか、もし違うとすればどちらがよりよいのか（これらはその本のなかで問いかけたものでなかったにせよ）という議論のただなかに身

＊5　デイヴィッド・リチャーズ（David Richards（1944–）。アメリカの憲法学者、道徳哲学者）との共著、*The Deepening Darkness: Patriarchy, Resistance, and Democracy's Future*（2009）のこと。

を置かねばならない。わたしは、女の声と、心理学理論や公的議論を形成する声とが奏でる不協和音を聞いていた。もっと個人的なことを言えば、ほかの女たちに耳を傾けるなかで、わたし自身が押し殺していた声と共鳴するものを発見していた。

「なぜフェミニズムはいまもなお、わたしたちを分断するのか？」〔"Lift and Separate : Why is Feminism Still so Divisive?"〕と、二〇〇九年の『ニューヨーカー』誌の記事の見出しは問いかけている。アリエル・レヴィ〔Ariel Levy (1974–)。『ニューヨーカー』誌のライター。アメリカ文化の性的側面を批判する著書がある〕は、現代のフェミニズムに関する二冊の本を概観し*6、歴史記録の歪みを指摘することからはじめている――「フェミニズムは、まるで一種の虚偽記憶症候群*7を患っているみたいだ」(p. 78)。レヴィによれば、この「文化的な記憶障害」(p. 78) は、わたしたちがラディカルな洞察を思い出すことを妨害している。その洞察とは、平等の政治は伝統的な家族構造とは相いれない、というものだ。女が完全な市民権を獲得するという目標は、「細胞レベルでこの国を変化させる」(p. 80) ほどの社会変革を必要としていた。争点は育児だった。

もし父親が働き、母親も働くなら、誰もこどもの面倒を見ることができない。政府がこの状況を認めて育児を支援するか（多くのヨーロッパ諸国がそうしているように）、そうでなければ、育児が富裕層の贅沢品になり、ほかの人たちにとっての大きな問題になるか、そのどちらかだ。(p. 80)

この分断線は、予測できた。すなわち、フェミニズムがおもに白人からなる特権階級の女の利益と同一視されるようになると、彼女たちのあいだに、伝統的な構造を守りながら、それでもなおフェミニストを名乗る――サラ・ペイリン〔Sarah Palin（1964–）。共和党の政治家〕がそうしているように――ことができるかどうか、あるいは、フェミニズムは社会レベルでの変革を意味するかどうかをめぐって分断が生じたのだ。
レヴィはわたしたちの集団的な虚偽の記憶の深さを説明するために、驚くべき事実を思い起こさせる。

> 一九七一年、ウォルター・モンデール〔Walter Mondale（1928–2021）。民主党の政治家〕率いる民主・共和両党からなる上院議員のグループが、幼児教育プログラムと学童保育プログラムの両方を全米で確立しようという法案を提出した。教育費は家庭の所得階層に応じたスライド制で、プログラムは誰にでも利用可能だけれど、義務ではないというものだ。国会の上下両院がこの議案を可決した。（p. 80）

このことを思い出す者が誰もいないのは、その年の暮れにつぎのようなことが起こったからだ。ニクソン大統領は、包括的児童発達法案は「政府の巨大な道徳的権威が、育児の共同体型アプローチに支持を表明することになり」、「家族中心型アプローチ」を弱体化させることになると主

＊6　Collins, Gail. *When Everything Changed: The Amazing Journey of American Women From 1960 to the Present*（2009）と、Sanchez, Leslie. *You've Come a Long Way, Maybe: Sarah, Michelle, Hillary and the Shaping of the New American Woman*（2009）のことと思われる。

＊7　「過誤記憶（症候群）」とも訳される「false memory（虚偽記憶）」、「false memory syndrome（虚偽記憶症候群）」は、一般には、「実際には存在しなかった幼少期の虐待の記憶など、誤った過去の記憶を後になって想起する現象」を指す。加藤敏ほか編『現代精神医学事典』（弘文堂、二〇一一年）の二三七頁を参照。

張し、その法案を拒否した。ニクソン大統領が重視した「伝統的な家族中心型アプローチ」は、母親になること以外のあらゆる志を断念するよう女たちに要求するものだった。（p.80）

同じような女たち——サラ・ペイリンであれヒラリー・クリントンであれ——に焦点を当てることで、フェミニズムは「より大きな志を見失ってしまった」。保守主義者たちは、家族に焦点を当てることで、そのラディカルな課題を呑み込んでしまった。こうして、学齢期のこどもをもつ女性に低コストの育児を保証する連邦プログラムは成立することなく、ひとつの夢（ニクソン大統領からすれば悪夢）に終わった。

しかし、文化闘争が激化し、人文科学におけるパラダイムは変化していった。核家族やエディプス型家族といった伝統的家族像を神聖視してきた心理学は、生物学や人類学とともに、これまでとは違う道を歩みはじめた。かつてこれらの学問は、父・母・子の三位一体に科学的お墨付きを与えてきたのだ。しかし、一九七〇年代になると、より多くの女を含む、あたらしいタイプの研究者たちが、あたらしい問いを立て、あたらしい証拠を集めだし、人間の本性と人間の発達に関する、岩のように堅固に思われた多くの前提を追い払うことになった。ひっそりと、あるいはそれほどひっそりとでもなく、枠組みの変化を告げるタイトルをもつ本がつぎつぎに登場した——『新しい女性心理学に向けて』（一九七六年）、『もうひとつの声で』（一九八二年）、『人間の測りまちがい』（一九八二年）、『乳児の対人《インターパーソナル》世界』（一九八六年）、『デカルトの誤り』（一九九四年）、『歓びの誕生』（二〇〇二年）、そして、二〇〇九年の『母親と他者――相互理解の進化的起源』。さまざまな分野がもたらす〔人間の本性と発達、進化をめぐる〕たくさんの証拠は、古い枠組みには収めようがなくなった。

第1節　わたしたちはどこから来たのか

進化人類学者のサラ・ブラファー・ハーディ〔Sarah Blaffer Hrdy（1946–）。アメリカの人類学者、霊長類学者〕によれば、わたしたちを類人猿の祖先から区別するものは、相互理解の能力だ。発達のかなり早い段階、ほとんど生まれたときから、人間の赤ちゃんは相手の顔をじっと見つめたり、アイコンタクトを取ったり、他者の注意を惹こうとしたりする。ニューヨーク大学のある同僚は、こういった光景を地下鉄で毎日のように目にすることができると言っていた。赤ちゃんには、他人の意図を読み取る能力、他人とつながりたいと思う気持ち、他人の反応に気を配り、他人の感情《エモーション》に興味を持つといった、きめこまやかな共感の萌芽を見ることができる。ハーディは進化論的な観点から問いかけている。そのような能力はどこから来るのか？

ハーディはその答えを、共同養育《アロペアレンティング》という、簡単に言えば、生物学上の両親ではない他者が子育てに参加する営みのなかに見いだす。初期人類の生存環境は、母親にくわえて誰か別の人間が、こどもの生存に専念することが不可欠だった。共同養育を円滑にするのは相互理解であるため、「他者の意向をくみとることや他者とかかわることに長けている赤ちゃんのほうが、ケアを引きだすこともうまく、それゆえ、大人になるまで生きのびて、こどもをつくる見込みも高かった」（*Mothers and Others*, p.

117）。進化は、共感、相手の心を察する力、協働という、相互理解をうながす特性を選択したのだ。人間にとって核心的でほとんど人間を定義するようなこれらの主要な特性を欠いたこどもたちは、自閉症と呼ばれる壊滅的な発達障害のなかに見ることができる。

ハーディは、彼女の著書『母親と他者』を、「男＝狩猟者」仮説——これは「初期人類の繁栄に不可欠な驚異的な適応」（p. 147）の説明としてもっとも有力とされてきたものだ——の賛同者に対する「ひとつの長い反論」だと考えていた。「男＝狩猟者」モデルの核心には、「性の契約」がある。それは、「配偶者を扶養する狩猟者と、扶養者に対する貞節でそれに報いる者とのあいだに取り交わされる協定であり、それにより扶養者は、自分が労力を注いだこどもが少なくとも自分の遺伝子の半分を受け継いでいると確信できる」（p. 147）。ところが、霊長類に関する研究と、実際に狩猟採集によって生きている人びととの観察から得られた一連の発見は、研究者たちに、狩猟仮説がわたしたちの祖先である類人猿の家族生活を記述したものであっても、わたしたち人類の祖先には当てはまらないという結論をもたらした。「ダーウィンにとっても、〔ジョン・〕ボウルビィ〔John Bowlby（1907–1990）。愛着理論で知られるイギリスの心理学者〕にとってもそれほど明白で自明に見えた、母親と乳児の絶え間ない接触」には、「母親は幼児をどのようにケアすべきかという、西洋が昔から思い描いてきた理想」（p. 84）が、おそらくそれと意識されずに投影されているようだった。実際に、共同養育や共同子育《コミュナル・チャイルド・レアリング》てがなければ「人類は決して存在しなかった」（p. 109）ことを示唆する証拠もある。わたしたちの遺伝子に組み込まれているのは、核家族や母親による排他的なケアではなく、相互理解や拡大家族に向かう能力なのだ。

ハーディのさまざまな発見は、わたしたちのすぐ目の前にあるものを見えなくしてきた目隠しを取り去る。狩猟採集社会ではなく、ニューヨークのアパートで一緒に暮らしていた父方の祖父という、ひとりの共同養育者《アロペアレント》とともにわたしは育った。ひとりの母親として、わたしは、両親、隣人、友人からなる他者のネットワークに頼っていた。オバマのホワイトハウスを一瞥すれば、公邸にひとりの共同養育者（ミシェルの母親）がいることがわかるし、母親とほかの人たち（母の両親）に育てられたオバマ自身、大きな志とリーダーシップにくわえて、相互理解の能力――近年、研究者たちは、これらの資質が共同養育と結びついていると考えている――を示している。子育てにとって理想的な環境とは、核家族ではなく、少なくとも三人（性別は問わない）からなる安心できる関係性、すなわち「何があってもあなたをケアします」という明確なメッセージを伝える三人からなる関係性であるということがわかっている。

不正義への抵抗をめぐる法科大学院のゼミで、サラ・ハーディを読んでいた週に、ミーガンという女性が、放浪生活を送る自分の核家族が、誰も知りあいのいないアイオワに引っ越したときのことを語ってくれた。彼女は、両親と姉に何かあったとき、自分をどこに預ければよいのか、誰も知らないことが恐ろしかったのを憶えているという。ミーガンの恐怖をなだめるために母親ができたのは、当時はまだ見ず知らずの人間だった隣人のドアをノックして、もしほかの家族に何かあったとき、ミーガンをテキサスの祖父母のもとに送りとどけてくれるように約束をとりつけることだけだった。しかし、ミーガンは例外的な存在だった。二二人の法科学生のなかで、共同養育者なしで育ったのはたった三人だけだった。

精神分析家にとって、エディプス三角形における第三項の役割とは、母と子の二者関係を断ち切ることだ。ハーディや彼女と同じ考えをもつ社会生物学者にとって、第三項の役割とは、母親とこどもを引き離すのではなく、こどもの共感能力をうながし、将来の人間関係を円滑にするための、社会への期待感を形成するというものだった。このことは、核家族やその他の家族が機能不全に陥ったときに、まわりの環境に自分をケアできる人をひとり、あるいは複数（祖父母、上の階の隣人、おば、兄弟の恋人、お手伝いさん）探しだそうとする、レジリエンスをもったこどもたちから学んだことだ。

その目隠しになってきたのは、伝統的家族、聖家族、警戒して他者を追いはらおうとする母親にしがみつく赤ちゃんチンパンジーのいくつもの写真、幼子とふたりだけでいる純真な瞳の聖母マリアを描いた無数の絵画、狩猟仮説の家族、そして、ジェンダー二元論とジェンダー階層《ヒエラルキー》――そこでは父であることは母になることでなく権威の声になることを意味する――を軸に構成された家族だった。実際には、人間の母親は、チンパンジーの母親とは対照的に、赤ちゃんの顔を外に向けるし、抱っこしてもらったり、接触してもらったりするために赤ちゃんを他人に手渡すことは普通にあることだ――チンパンジーの母親は絶対にそんなことはしない。ハーディは、自著に『母親と他者』というタイトルをつけることで、何が問題となっているのかを示唆している。「父親」という言葉をタイトルからはずすことで、ハーディは「わたしたちの祖先の家庭生活についてのあたらしい考え方を導入する」（p. 109）というもくろみを伝えているのだ。家父長制家族が伝統的なものでも、根源的なものでもないことを進化論的立場から示すことで、共同養育モデルが家父長制家族にとって代わる。ハーディが言うように、「これは革命的なものなのだ」(p.7)。

もうひとつの声とは、自己と道徳についてのあたらしい考え方、関係性のあたらしい想像の仕方、そして、家庭生活についてのあたらしい考え方である。これが、パラダイムシフトの意味するところだ。いったんパラダイムシフトが起こると、これまでの見方や聴き方をすることは難しくなる。それは「人間であることの意味」(p.7)を変えるのだ。

ハーディは、核家族の弊害として「父の不在」を語っているのではないことを、一生懸命説明している。彼女のモデルのなかには、父親たちも存在している。ハーディの本に収められた写真のなかでわたしの目を引いたのは、自分の胸のなかで眠っている乳児に微笑みかける父親の写真と、こどもたちの輪のなかで地べたに座っている男性の写真だ。これらの写真は、男たちの優しさと穏やかな気配りをとらえている。それにわたしが感動し、また驚きもしたのは、これが男たちのほんとうの姿だと知ってはいたが(こどものころは父や祖父とも一緒だったので知っていたし、いまでは妻として、息子たちの母として知っている)、男らしさを表現するときに、男たちがそのように描かれることはなかったからだ。それらの写真は、まるで男たちの不意をついたかのように、ありのままの姿をとらえていた。

『ニューロン』誌に掲載された論文(「社会的協力のための神経基盤」)のなかで、ジェームズ・リリング〔James Rilling。エモリー大学に在籍する人類学の教授〕とその共同研究者たちは、競争的な戦略よりも協力的な戦略を選択するときにわたしたちの脳はより活性化したと報告している――これはチョコレートを食べたときに活性化する脳の領域と同じだった。この調査対象は女性であったが、研究者たちはCEOを対象にしても同様の結果が得られるのではないかと考えている。ハーディが指摘しているように、愛情深い父親、「臨時の父親」、甥や姪を育てるおじなどの男たちは、人間の相互理解のための能力をもち続けており、こどもの成長をうながしてくれる。乳児を抱いたり、幼いこどもをケアしたりすることは、女だけでなく男にもホルモンレベルで影響をおよぼし、テストステロン〔男性ホルモンの一種〕を減少させ、プロラクチン（哺乳類やその他の種において養育反応を促進するホルモン）の循環レベルを増大させる。わたしたちは人間が自己中心的にも残酷にもなりうること、資源と配偶者をめぐって競争することもあることを知っている。わたしたちは生まれながらに協力的で関係的な存在であり、わたしたちの相互理解の能力が種の存続と結びついているという観察は革命的なのだ。

ジョン・ボウルビィの著書『喪失』[*8]とロバート・コールズ〔Robert Coles（1929–）。アメリカの精神科医〕の著書『危機にあるこどもたち』を読んだわたしが何にもっとも深く感動したのかを、ハーディを読むことで、よりはっきりと理解することができた。いずれも、喪失の悲しみや[*9]学校の統合[*10]を経験した孫に寄り添う祖母たちの物語だった。祖母たちは共同養育者であり、ハーディの言うとおり、こどもの生存に責任を負っていた。

二〇世紀の終わりとともに、狩猟仮説は「事実上くずれ去った」（p. 149）。ところが、研究者や政治家は狩猟仮説をいまもなお唱えているし、その仮説が、主要大学の「教育カリキュラムの中心」であることに変わりはない。ハーディは、ハーバード大学のふたりの教授が手がけた二〇〇四年の教科書を引用しており、それによれば、教授たちは「『一夫一婦制と核家族が、人間の歴史をとおして狩猟採集社会で支配的だった』ことは明らかだと見なしている」(p. 148)。二〇〇三年には当時のアメリカ大統領〔ジョージ・W・ブッシュ〕が「こどもは、結婚した一組の男女からなる家族のなかで育てられるのが理想的であるのは研究によって証明されている」と断定的に宣言している。ハーディの個人蔵書には、『父のいない人生——父性と結婚がこどもの幸福と社会にとって不可欠であることを証明する反論の余地のない議論』、『父なきアメリカ——わたしたちが直面するもっとも重大な社会問題』といったタイトルを掲げた本がずらりと並んでおり、それらを執筆した家族社会学者たちは、

> どのような歴史的、経済的、社会的環境のもとでそうなるのかを問おうともせずに、「こどもは、父親と母親の両方とのあたたかく、親密で、継続的な、安定した関係性をもつ機会が与えられたとき、もっともよく発達する」、と当然のように考えている。(p. 145)

その社会政策的な意味合い、女の生活への影響、進化論的観点から見た事実をぬきにするならば、こういったことは、数あるアカデミックの小論争のひとつとして片づけることもできるだろうが、ハーディが書いているように、「女の貞節と、男系の永続と強化促進とのふたつを強要する家父長制

＊8　邦題は、『母子関係の理論——Ⅲ 対象喪失〔新版（改訂増補版）〕』（黒田実郎・吉田恒子・横浜恵三子訳、岩崎学術出版社、一九九一年）。
＊9　ボウルビィは親を喪失した孫に対する養育の問題を論じた。
＊10　コールズは一九六〇年代の南部で進められた人種統合教育をめぐってこどもたちが直面した諸問題を論じた。

のイデオロギーは、こどもたちの幸福を第一にするという長年にわたる優先事項を切り捨てる」（p. 287）ものだ。ハーディの指摘を理解するには、あわれなオイディプス——彼は、父の命が助かるために殺される運命にあったが、共同養育者として彼を救いだしてコリントまで連れて行ってくれた羊飼いたちの介入のおかげで生き延びることができた——を考えるだけで十分である。

第2節　わたしたちはどこまで来たのか

『ニューヨーク・タイムズ』の論説コラムニストたちの書いたもの〔著書やコラム〕を手がかりとするなら、二〇〇九年に出版された二冊の本によれば、女たちは最前線に置かれている。ゲイル・コリンズ〔Gail Collins（1945–）。アメリカのジャーナリスト。『ニューヨーク・タイムズ』紙の論説コラムニスト〕は、『すべてが変わるとき——一九六〇年から現代までのアメリカ人女性のめざましい歩み』のなかで、かつてはクレジットカードを申し込むのにも夫の許可をもらわなければならなかった女たちが、マラソンへの出場《ランニング》はもちろんのこと、アメリカ大統領選挙にも出馬《ランニング》するようになり、宇宙飛行士、建築作業員、大学の学長になるという、「驚くべき革命」について報告している。ニコラス・クリストフ〔Nicholas D. Kristof（1959–）。アメリカのジャーナリスト。『ニューヨーク・タイムズ』紙の論説コラムニスト〕とシェリル・ウーダン〔Sheryl WuDunn（1959–）。アメリカの作家、ジャーナリスト〕は、『ハーフ・ザ・スカイ——世界の女性のために抑圧を機会に変える方法』[*11]のなかで、「わたしたちの時代のもっとも深刻な人権侵害である、発展途上の地域における女と少女への抑圧に抗して武器を取るよう熱烈な呼びかけ」を行っている。要するに、二冊の本は、広く国内で達成されてきた革命と、外国がいまだに直面している戦いを報告している。

本は出していないが、ボブ・ハーバート〔Bob Herbert（1945–）。『ニューヨーク・タイムズ』紙の論説コラムニスト〕は、ペンシルヴァニア州のフィットネスクラブでエアロビクス教室に侵入した男が女性たちを射殺した事件が起きたあと、二〇〇九年八月八日の『ニューヨーク・タイムズ』紙に寄せたコラム〔"Women at Risk"〕のなかで、数年前にアーミッシュの女子生徒が狙い撃ちにされた事件が起きたときに提起したのと同じ問いをもう一度繰り返している。なぜ女と少女を射殺することは、ヘイト・クライムと見なされないのか？　彼は発展途上の地域だけでなく、まさにこの自国においても、「ミソジニーが深刻で広範囲に及ぶ問題だという認識」を、まだわたしたちが持てないでいると主張している。「もし誰かが、潜在的な犠牲者を人種や宗教で選り分け、たとえば黒人だけを、あるいはユダヤ人だけを射殺したとすれば、猛烈な抗議が巻き起こるだろう」。ハーバートが述べるように、合衆国の生活は「気が遠くなるほど暴力的」なのだが、それにもかかわらず、「この国の女たち、少女たちが、何者であるのかという理由だけで日々ふるわれている驚くべき規模の暴力に特別注意を払うことに」に人びとは及び腰である。「女であるがゆえに彼女らは攻撃されているのだ」。

「肩の力を抜こうよ」。CNNに出演した女性が、ヒラリーのくるみ割り人形《ナッツクラッカー》〔くるみ《ナッツ》（睾丸の隠語でもある）を両足で挟み割るヒラリーに見立てた玩具。くるみ割り器は「厳しい女」も意味する〕が売られていることに異を唱えたときに投げかけられた言葉だ。二〇〇九年に『タイムズ』紙に寄せられた別のコラムのひとつ、『ウォール・ストリート・ジャーナル』の元副編集長

＊11　邦題は、『ハーフ・ザ・スカイ——彼女たちが世界の希望に変わるまで』（北村陽子訳、英治出版、二〇一〇年）。

であるジョアン・リップマン〔Joanne Lipman (1961–)〕による「女の測りまちがい」もまた、これと同じ忠告を繰り返している。「わたしたちは、ポスト・フェミニストだ」とリップマンは書く。「結局のところ、わたしたちは男と平等に生きていた。女が社会に進出すれば、ジェンダーも人種も問題ではなくなると思っていた」。ところが、現在の彼女はこう考えている。

この不景気のさなかに耳にする肯定的な統計でさえ、たとえば、女が男よりも失業者が少ないというような誤った理解を招くものとなっている。それはなぜか？ 女が、金融や不動産など、もっとも大きな打撃を受けた高収入の業種ではなく、依然として低賃金の分野に集中しているからだ。〔"The Mismeasure of Women"〕

彼女の洞察力の鋭さを示すひとつの例として、リップマンはミソジニーの高まりを、九・一一の攻撃の余波と結びつけている。「どれだけの女がパートナーをつくったか、あるいは最高経営責任者になったか、というような測定可能なものだけでなく、まさにこの時期に女の立場が悪化しはじめているのは偶然ではないと考えている。ここでは、わたしたちがどのように認識されているのかということが問題なのだ」。彼女は自分が提示した関連性について説明を行ってはいないが、九・一一の攻撃は、多くの人びとに、アメリカに対する侮辱として、またアメリカ男性の恥辱として受け止められた。こうして名誉の回復と優越性の再確認――「衝撃と畏怖」[*12]を与えるわれわれの力の再確認が求められた。そしてこれが、リップマンが述べるように、（空港の売店にヒラリーのくるみ割り人形を陳列するような）

性差別的な態度と行動を助長したのだ。衝撃と畏怖の空爆が展開していた時期にMBA〔経営学修士〕のゼミで教えていたある友人によれば、彼女が教えていた学生のうち、戦場で殺されていた人びとについて言及したのは、女性とヨーロッパから留学していた数名の男性だけだった。

テレビ出演をひかえていたリップマンが、担当のインタビュアーのひとりに関する情報をインターネットで検索したところ、「検索結果の一ページ全体が彼女の胸に関するものだった」という。このことを含め、わたしたちの迷走を示している似たような兆候に悩んだ彼女は、「わたしたちが迷走し、わたしたちの世代が現状に甘んじるようになった理由の一端は、わたしたちの多くが女の進歩をあまりにも狭くとらえていたことにある」と結論づけた。「わたしたちは統計にばかり目を向けて、政治的な意識《アティテュード》を省みてこなかったのだ」。

なるほど、と頷きながら読んでいたわたしは、このあとの展開に不意打ちされた。リップマンは、この問題は「女の問題だけに帰結するものではなく」、男女を問わず、わたしたち全員に影響を及ぼすものだと述べ、その上で、女たちに「ユーモアのセンスをもちなさい」と呼びかけた。ひとことで言えば、肩の力を抜こう、というのだ。

ユーモアには語るべき利点がたくさんあるが、とくに重要なのが、否定の壁を打ち破るというものだ。今日、何百万人ものアメリカ人が、ジョン・スチュワート〔Jon Stewart（1962–）。風刺ニュース番組「ザ・デイリー・ショー」の司会者として人気を誇ったコメディアン〕と

＊12　Shock and awe。圧倒的な軍事力と迅速な作戦によって敵の戦意喪失をもたらすことを目的とした軍事戦略の名称。二〇〇三年のイラク戦争でのスローガンとなった。

「コルベア・レポー」〔コメディアンのスティーブン・コルベアが司会を務めるニュース番組〕を情報源にしている。しかし、現実をカモフラージュするために使われるユーモアは、知っているものから目を背け、不快だと思うものを軽視するわたしたちの傾向に拍車をかける。

第3節　わたしたちはどこへ向かうのか

公教育ネットワーク〔公教育が縮小化していったレーガン政権期に、低所得者層やマイノリティへの公教育の充実を目指して組織された基金事業〕を主宰するわたしの友人ウェンディ・ピュアフォイは、「わたしの家にあがっても構わないし、どの部屋を使ってもらってもいいけれど、わたしの家だということは忘れないで」と言うことと、「一緒に家の設計をやりなおそう」と言うのとは違うものだとよく口にしていた。彼女はつぎのような物語を語り、わたしはそれをひとつの寓話として聞いた。それは公民権運動の数年後、公民権法や投票権法が成立したあと、ひとりのアフリカ系アメリカ人男性が亡くなり、天国に行ったという話だ。天国の門前で聖ペテロが彼を出迎えた。「ボーイ」〔boyは、しばしば大人の黒人男性に対する差別語として使われる〕と、ペテロは彼が何者なのかを思い出させるために言った。「自由を手に入れて何をしたのだ?」

これは、わたし自身を含む女たちみんなに対するわたしの問いであり、ヴァージニア・ウルフが男と女と戦争に関するエッセイ『三ギニー』のなかで投げかけているのもこの問いだ。第二次世界大戦前夜に書かれたそのエッセイのなかで、ウルフはファシズムと家父長制を結びつけ、「公的世界と私的世界は分かちがたく繋がっており、一方の世界での専制と隷属とは、もう一方の世界での専制と隷属である」（p. 168, 邦訳二六〇頁）と述べている。いずれにおいても、ジョセフィン・バトラー〔Josephine Butler（1785–1868）。イギリスのヴィクトリア朝時代の女性活動家〕が「正義・平等・自由という大原則」と呼んだものが争点となっている。

「どうすればわたしたちは戦争を阻止できると思いますか？」と問いかけてきたひとりの男性の手紙に対して、遅まきながら返事を出すという構成をとったその本のなかで、ウルフはもっと具体的に、戦争を止めるために、女はどのように男を手助けできるのか（p. 5, 邦訳一三頁）と、問いを立てなおしている。専制に対する戦いは、正義、平等、自由をともに希求する女と男を結びつける。しかし、男を助けるために、女はまず自立した収入に支えられた、自立した意見を発する自由を獲得しなければならない。そこでウルフは、三段階の進歩の道筋を女に提示している。まずは大学教育を受け、それから職業に就くこと。そして、自立した意見と自立した収入で武装して、みずからの自由を確保するために、「アウトサイダーの社会」を形成することだ。エリクソンが「安定多数派《コンパクト・マジョリティ》」と呼んだ、[*13]一定のルールに従って生き、遊ぶ集団に加わるのではなく――あるいはウルフの言い方を借りるなら、男の言葉を繰り返し、男の方法に追従するのではなく――「あたらしい言葉を見つけ、あたらしい方法を創造すること」（p. 170, 邦訳二六二頁）で、男たちが戦争を阻止するのを助けるために、女たちはみずからの自由を行使することができる。

　大学を卒業してから就職する女たちが記録的な数を迎えたいま、彼女たちがこの挑戦を引き受けるかどうかが問題になるだろう。すなわち、男とともに、万人にとっての平等、自由、正義の追求に参加しながら、外部《アウトサイド》に留まり続けるということだ。女たちがみずからの自由を行使して、創造的な仕事をするためには、何が原動力となるのだろうか?

この問いに対する単純な答えはないが、手がかりならある。ハーディの進化人類学の仕事は、共感、相手の気持ちを読みとること、協働の重要性を強調している。ハーディは、「柔軟性が、これまでも人類の家族の特徴だったたし、現在もそうあり続けている」(p. 164) ことを、わたしたちに気づかせてくれる。神経科学者たち (アントニオ・ダマシオやジョセフ・ルドゥー) によれば、わたしたちの神経システムは、トラウマや損傷がない場合には、感情《エモーション》と思考をつなげる仕組を備えている。わたしたちは、身体と感情《エモーション》に経験を記録している。精神は、個人に特有の連想パターンに従って活動している。「母」という言葉からあなたが連想するものは、わたしが連想するものとは違うかもしれないし、母親と母親業を表現する文化的な台本《スクリプト》から逸脱しているかもしれない。わたしたちは、自分自身のなかに創造的な仕事の種を宿している。もし女がいわゆる女らしい《フェミニン》(つまり人間らしい《ヒューマン》)ものの見方と傾向を職場にもたらすなら、職場のあり方は変化するだろう。飛行機事故と医療過誤の調査結果からわかるのは、誰もが遠慮なく発言できる協働的なグループのほうが、悲劇を回避できる可能性が高いということだ。これを法律、教育システム、教会のモデルとして、検討してみてはどうだろうか?

このことは、少女たちと行った研究を思い出させる。簡単に説明すると、幼少期中期から思春期にかけての少女を観察することで、わたしとわたしの共同研究者たちは、彼女たちが、社会的につくられかつ強要される分離の筋書きに抵抗を示している事実に気づいた。彼女たちの抵抗はある正直な声のなかにはっきりと現れ、そこには、出来事から受け取る感覚〔ダマシオの著書（一九九九年）のタイトル（*The Feeling of What Happens*）を踏まえている〕をつかまえ、それを記録するわたしたちの能力と、人間関係や相互理解への欲望を読みとることができる。それは抵抗の声なのであり、必ずしも他人が聞きたいと望むような、耳に心地よい声であるとは限らない。それは、家族、学校、コミュニティにトラブルを起こすかもしれない声なのだ。そのため、少女たちはその声を隠そうとする。一六歳のシーラがわたしに語ったところによると、自分の本当の気持ちや考えを口にすることなく、「自分に気を配るほど自分のことが好きではない」と口にするほうが、どんな仕方で自分を気づかうのかを示すよりも楽だという。「賢明でしょ？」と、わたしを見つめながら訊ねる彼女に、わたしは頷いた。誰もありのままのシーラを知らないので、彼女について人が何を言おうとも、彼女には応えない。しかし、それが自己防衛の戦略としてどれほど巧妙であっても、

＊13　ギリガンがエリクソンのどのテクストないし発言を念頭においているかは不明だが、この言葉は、イプセンの戯曲「民衆の敵」（一八八二年）に由来し、フロイトが、「みずからを語る」（一九二五年）と「ブナイ・ブリース協会会員への挨拶」（一九二六年）で引用したことが知られている（「みずからを語る」家高洋・三谷研爾訳、『フロイト全集18　一九二二―二四年――自我とエス・みずからを語る』岩波書店、二〇〇七年、六七頁、および、「ブナイ・ブリース協会会員への挨拶」石田雄一訳、『フロイト全集19　一九二五―二八年――否定・制止、症状、不安・素人分析の問題』岩波書店、二〇一〇年、二五六頁）。たとえばフロイトはつぎのように言う。「わたしが大学に進んだのは、一八七三年である。入学当初、はっきり幻滅を感じることにいくつか出くわした。とりわけこたえたのは、ユダヤ人である以上、国民には属さない劣等な存在であることを自覚せよという不当な要求だ。わたしは断固として、劣等存在たることを拒絶した。（……）大学から受けたこうした最初の印象は、のちのち重大な結果をもたらすことになった。つまりわたしは、野党的な立場に立ち「安定多数派（kompakte Majorität）」からは追放されるという運命に、あまりに早く親しんでしまったのだ。〔わたしが〕ものごとを判断するさいのある種の自主独立性は、こうして準備された」（『フロイト全集18』六六―六七頁）。

そこではシーラがもっとも欲しいと言っていた「人間関係における正直さ」が犠牲になっているのだ。

思春期の岐路《クロスロード》に立った少女たちは、彼女らを屈服させようとする圧力にさらされた結果、自分の正直な声を守るためにそれを自分のなかに隠し、そして、ウルフが「脳の不義」と呼ぶものを犯す、つまり自分のこころを裏切ることになるのだ。そこで思い出すのは、インタビューの文字起こしをしているとき、少女たちの思春期が始まる合図として、彼女たちが「さあ《アイ・ドン・ノウ》」というフレーズを急に多用するようになり、それがしばしば「わかるでしょ《ユー・ノウ》」というフレーズの増加をともなっていることに気づいたことだ。はじめは、新たな領域に入って行った少女たちが、本当に自分の知らないことに驚いているのだと思った。「わかるでしょ《ユー・ノウ》」という言葉は、思春期の少女たちによくある癖《チック》のようなもので、わたしは興味よりもむしろ苛立ちを覚えた。しかし、少女たちが実は何かを知っていたとして、それを知らない様子をしていることに疑問を持ちはじめたとき、わたしは新たな理解にたどり着いた。

「さあ《アイ・ドン・ノウ》」というフレーズのなかの「してはいけない《ドント》」という言葉が、「わたし《アイ》」と「わかる《ノウ》」のあいだに立ちはだかる禁止命令として浮かびあがってきたのだ。それは誰の言葉なのだろうか？　両親か、教師か、説教師か、それとも、少女たちが空気から読みとった何かだろうか？　それがどこから来たものであれ、その言葉は内部に根を下ろし、解離を命じる内なる声となる。これを言ってはいけない、これを考えてはいけない、これを感じてはいけない。要するに、あなたがわかっていることを知ってはいけない、つまり、身体と感情《エモーション》が訴えることを無視しなさい。その代わりに、何が起こっているのか、何を感じ、考え、そして言わなければならないのかをあなたに言い聞かせてくる声に耳を傾けなさい。あなた自身に耳を傾けてはいけない、ということだ。

わたしたちが長期間にわたって行ったインタビューのデータは、わかっている状態からわからない状態へ移行していく少女たちの様子だけでなく、いまでは女の直感としてではなく、ハーディが記述した能力である、人間の基本的な能力としてわたしたちが認識できるものを失うまいとする、少女たちの抵抗をもとらえていたのだ。少女たちは、他者のこころを読む能力と、他者のこころなど読めないのだと言い聞かせてくる文化とのあいだで、また、共感やつながりへの欲望と、分離や自立を重んじる社会とのあいだで、そして、協力への衝動と、競争から得られる報酬とのあいだでがんじがらめになっている。「つまり《アイ・ミーン》」という繰り返される合図と一緒に発せられる「さあ《アイ・ドン・ノウ》」と「わかるで《ユー》しょ《ノウ》」は、知っている《ノウィング》ことをめぐる闘争、そして、わたしたちの語彙に収まりきらない経験を語る言葉を見つけようとする模索を伝えていた。

哲学的な感性をもった九歳の少女ジュディは、こころとは物事を感じる場所だと説明している。自分の親友のもとから誰かが去っていったとき、その親友の気持ちをどうして自分が知っているのか、このことを説明するジュディは、「ただこころのなかで感じているの」と言った。「誰かが去っていったり、悲しんだりっていうのはなんとなく見て分かるとしても、彼女が傷ついたかどうかなんて、その場では説明できないのに、なんとなく感じるの。それって説明するのは難しい」。インタビュアーがそこで注目したのは、ジュディが「友だちが傷つくことになる」と意識的には考えていないのに、友人の悲しみを感じているし知っているのだと言おうとしていたことだ。スピノザが洞察したように、こころとは思考の身体なのだ。[*14] ジュディのこころは、身体が感じていることを知っているのであり、彼女の身体が他者の気持ち《フィーリング》を読みとると、それがこころのなかで響いてくるのだ。

一三歳になったジュディは、心理学的な鋭さで身のまわりの人間世界を読みとっており、八歳の妹がニンジンを食べるのを拒んだことで生じた夜の食卓でのひと悶着が、「ニンジンをめぐるものではなかった」ことも見抜いている。また彼女は、自分が成熟する過程で知性と感情《エモーション》、精神と身体、自己と人間関係とを切り離す文化を読み取っている。自分がわかっていることと、知識だと考えられているものとをどう調和させるのかという困難に直面したジュディは、ある創造的な解決にたどり着く。ジュディは、自分のこころを身体からではなく、脳から切り離し、その脳を頭のなかに位置づけ、それを自分の知性、かしこさ、教育と結びつけるのだ。ジュディはこころについて、自分のおなかを指差して説明する。

こころには、わたしたちのほんとうの考えがあって、脳には、どっちかというと知性が……学校で勉強したこと……物理学とか統計学とかがはいっているんだけど、こころは、愛情《ハート》や魂《ソウル》、内側の感覚とか、ほんとうの気持ちとかと結びついているんです。

「みんなは」と、彼女は言う。

わたしたちに何を教えるのかをコントロールできるし、「これは正しい、これは間違っている」と言うこともできる。それは脳をコントロールするようなものです。でも、気持ちは、わたしたちのなかにあります。気持ちは、誰かが変えたいと思っても変わるものではないし、「これは間違っている、こっちが正しい、それは違う」と言われたところで、変わるものではないんです。

インタビューの終盤に、ジュディは自分の発達理論を披露した。

幼いこどもたちは……誰よりも「こころを」もっているんだと思います、よくわからないけど、こどもはそんなに大きな脳を持っていないから……そして、そのとき、わたしたちのこころのなかにはすべてが備わっているんだと思います。だって、それしかないんですから。そのあと……わたしたちは、こころから脳にいくつかのものを移します。それから脳が成長をはじめ、そうやって、わたしたちは成長するというわけです。脳のなかに入っていくんです。こうしてしばらくすると、ぜんぶ脳のなかに押し込まれてしまうから、わたしたちはこころを忘れてしまうんだと思います。

一三歳で思慮深い八年生のジュディは、解離にもがきながらも、自分が知っていることを手放さな

＊14　ダマシオの議論を背景において、デカルト的心身二元論に対する批判的観点として知られるスピノザの一元論が好意的に触れられている。43頁の傍注10も参照。

いための創造的な解決策にたどり着いている。彼女は、道徳的な権威の力を行使して自分のこころを忘れさせようとする声——それを彼女は押し付けがましく、支配的な声として経験している——に対して抵抗している。わたしたちは自分のこころを忘れてしまうことがある、と彼女は言う。しかし、「もっと深く知っていること」、つまり、彼女が自分の愛情や魂、ほんとうの思考や気持ちと結びつけている理解は、「違う、それは間違いだ、こっちが正しい」と言う人がいても、変えることはできない。通過儀礼の力がどれほどのものであっても、またそれが、どれほど賢さや知性や教育や、そうしたものが含むあらゆるものと結びついていたとしても、「気持ちは、わたしたちのなかにある」という直感的な理解は、埋もれているかもしれないが、失われているわけではない。

こどもたちはこころを失いつつあるというジュディの懸念は、わたしたちが相互理解の能力を失いつつあるというハーディの懸念と響き合っている。

もし共感と理解の発達には、特定の養育条件が必要であり、その条件を満たせない種《しゅ》の割合が増えているにもかかわらず、それでも生き残り、繁殖しているとするならば、過去において共同作業のための基盤にどれほど価値があったかは、もはや意味をなさないだろう。思いやりと、感情的《エモーショナル》なつながりへの欲求は、洞窟に生息する魚の視覚と同様に確実に消えてゆくだろう。(*Mothers and Others*, p. 293)

階層構造《ヒエラルキー》を確立するためには、その妨げとなるつながりを解離によって断ち切らなければならない。

相互理解は構造的には水平であり、本来的には民主主義的だ。この水平構造から、上位と下位、善と悪といったさまざまな分断をともなう垂直構造へ転換することが不可欠なのである。もし相互理解の能力、すなわち共感し、相手のこころを察し、協働する能力が生得的なものであるならば、それは破壊するか、少なくとも周縁に追いやる必要があるということだ。これが家父長制による通過儀礼の仕事であり、これが効果的に行われることで、人間本性とは異なる要素を精神に植えつけることができる。ジュディのようにレジリエンスをもった少女は、身体とこころ、感情《エモーション》と思考、自分と人間関係とを切り離すように感じられる圧力に対して抵抗するだろう。わたしたちのポストモダン文化には存在しないとされている、正直な声を黙らせようとする圧力に対して。このような状況では、ジュディのような少女にとって、頭がおかしくなりそうだと感じることなく、自分の知っていることを知ることは難しくなる。そして、自分が知っていること、とりわけ自分の周囲の人たちについて知っていることを話すと、他人や自分自身をトラブルに巻き込んでしまうことになる。

一三歳のジュディは家族のトラブルについて話すことができない。どうにか話すことができませんかというインタビュアーの質問に、彼女は、「ほんとうにいやな気分になります」と答える。「何を聞こうとしているのかはわかるけど、わからないんです。考えようとはしてるんですが」。彼女の思考は、解離のプロセスによって妨害されている。自分が部外者だったら、それについて話せばいいのにと思っただろうと、彼女は考える。しかし、「そんなことは考えません」と言うので、インタビュアーは「どうしてですか?」と追及する。

わからないです。だって、わからないんです。つまり、わかっているんです。それはなんだか……説明できないんです。何がわからないのか、どう言葉にすればいいのかわからないんです……自分が何をわかっているのかさえ、わからない。だから、ほんとうに説明することができないんです。だって、わからない。わたしは、自分の脳や胸のなかで、ほんとうに何を感じているのかさえ、わからないんです。つまり、痛みなのか、混乱なのか、悲しみなのか、わからないんです。

もし部外者だったら、家庭のなかで起こっていることを話すこともできるが、家族の一員である彼女には、「ほんとうにいやな気分になる」ことなしに、自分の知っていることを知ることも説明することもできないのだ。

わたしはニューヨーク大学で、心理学を研究する博士課程の学生を対象に、聞き取りに関するゼミを担当している。毎年、研究は質問からはじまる、と伝えるところからゼミを開始している。そして、毎回思うのは、博士課程の学生は、ほんとうの質問をするのが苦手だということだ。みんなは教育システムの頂点まで登ってきた学生なので、「いい質問」をすることならわけもないことだった。学生たちは、正しい質問、自分がすべき質問ならば、わかっている。しかし、心理学的発見のための研究方法を教えているゼミのなかで、わたしが期待しているのは、ほんとうの質問、ただ単に、自分たちがほんとうに聞きたい質問である。知りたいけど、知らずにいることだ。この授業で求められているのは、学生たちが知りたいと思うことを見つけだそうとする取り組みに、ほかの人を引き込むことができるような質問である。

学生たちが自分たちの人生と研究分野の両方に根ざした、ほんとうの質問をはじめてかたちにするとき、自分たちの質問について、学生たちが知ることは、わかりやすく、意識の表層に浮かび上がってくる。知りたいのに、知らずにいることは、なかなか聞き取ることができない。わたしは学生たちに、ノートの真んなかに一本の線を引き、片側に質問について知っていることを、もう片側に知りたいのに知らずにいることを書いてもらう。学生たちが迷ったままでいると、そのことは、そのときしているインタビューのなかにも、舵がない、つまり進むべき方向が分からない形で表われてくる。みなさんの質問がみなさんの舵です、そして好奇心は、風が止んだときも前に進むためのモーターです、と、わたしは伝える。それでもみんなは迷ったままだ。

学生たちは、インタビューを文字起こししてから、テクストの表面的な証拠ではなく、インタビューでなされた会話の心理学的な論理に耳を傾けるように聞き取りの手ほどきを受ける。まず、学生たちは筋書き、つまり、心理学的な風景（語られた物語、裂け目とずれ、感情的な山場となる場面、自分の応答）に耳を傾ける。その後、「わたし」に耳を澄まし、インタビュー対象者の一人称の声をたどり、その連想の流れが「《わたし》の詩《アイ・ポエム》」を形成する（たとえば、最後に引用したジュディとの会話では、《わたし》の詩はつぎのようになる。――「わからない、わたしは、わからない／つまり、わかっている／わたしはできない、わからない、知りもしない／わかっている／できない、わからない、知りもしない／つまり、わたしは／わからない、わからない」——歌手が息つぎのために間を置く箇所のように、詩節の区切りが心理的な韻律をつくっている）。最後に、学生たちは、テクストのなかに自分たちの質問に答えるさまざまな声——たとえば、わかっているという声とわからないという声、あるいは抵抗する声と降伏する声——を聴き取り、その声の相互作用や対位旋律を追いかける。そして、これらの聞き取りから出てきたものを集めてもらうと、学生たちのなかに、たいてい何らかの変化が起こることになる。

二〇〇九年の秋に、わたしの授業でそういう場面にいたって、みんなが涙を流したことがあった。それは苦痛の涙ではなく、最終的にそれを乗り越えたときの、静かな雨のような、安堵の涙だった。わたしは努力したのだが、そのときまで、学生たちの質問は、自分たちの内部にある知から解離したままだった。みんなはいずれにせよ学生だったし、授業を行っていたのであって、セラピーを行っていたわけではなかった。期待されていたのは、客観性であって主観性ではなく、研究《リサーチ》であって自分探し《ミーサーチ》ではなかった。それでも、学生たちの質問に対する相手の応答が、みんなを驚かせることもあった。ほかの人間に耳を傾けることから、学生たちが自分自身に関して学んだことと、インタビュー対象者に関して学んだことの両方は、まがいものではない発見のようなものをもたらした。心理学的プロセスにおける連想の論理を跡づけるなかで、学生たちは自分自身のなかにある解離を打破していっていたのだ。ジュディの言葉を借りるなら、学生たちは、教育によって磨かれたみずからの知性を、主観と客観、知性と感情《エモーション》の境界線の越境として経験した、より深い知のようなものと結びつけていた。しかも、学生たちは独自の洞察を行い、創造的であった。

わたしは、この段階で、ジェンダーの差がはっきりと出てきたことに驚いた。ある女性の参加者が言ったように、特にその時の授業を「すばらしい授業」に変えることになった討論は、ティーチング・アシスタントを除けば、グループで唯一の男性であったダンによってはじめられたものだった。その週、ダンはほかの数名とともに、課題を提出しなかった。彼には「手に余る」ものだったという。あまりにたくさんの考えが頭のなかを駆けめぐり、それをまとめることができず、感情が昂ぶり、これ以上進めようとすると「壊れてしまいそうだ」と感じたという。同様の体験に直面して課題を提出しなかった女性は、週末に車を借りてバーモント州へ向かい、その道中に、カーステレオで自分のインタビューテープを繰り返し聞き、木の葉を眺めながら、自分が聴いている内容から呼び起こされる考えや気持ちをたどった。昂ぶる気持ちに対するダンの反応は、「まって、まって、まって、まって」と言いながら「慌てふためいて逃げる」というもので、それは、アメリカン・ドリームに関する質問に対して、インタビュー対象者であるローズが、不妊との闘いについて話をはじめたときに彼がしたのとちょうど同じ反応だった。彼の質問が、ゲイである自分は少なくとも普通のやり方ではこどもをもつことはできず、そのため、彼の見るところでは家族をもつというアメリカン・ドリームを実現できないという事実に対する自分の強い感情《フィーリング》に根ざしたものであったにもかかわらず、このことは、彼を驚かせた。

ダンは明らかに途方に暮れた様子で、周囲を見回していた。そんな彼を安心させようと、メラニーは、自分はレポートを提出したけれど、最高の出来ではなかったと言った。ところが実際は最高の出来だったので、わたしはその言葉に驚いた。彼女の研究のなかで、それは、面白いと思えた最初のものだった。面白い部分があったのは、彼女自身がレポートのなかで書いていたように、その部分まではむしろ退屈だったインタビューのなかで、「金塊」を掘り当てたからである。金塊というのは、環境危機への人びとの反応や無関心と関係する、彼女の問いへのひとつの洞察のことだ。わたしがメラニーのレポートの一節を読みあげると、彼女は顔を赤らめ、微笑んだ。ダンを安心させるためにメラニーが言っていたことは、彼女が本当に考えていたことでも、感じていたことでもなかった。これは、そこからひとり、またひとりとほかの女性たちが通り抜けていく道だった。彼女たちは、しばしば泣きながら、それぞれがほんとうに感じていること、考えていることを話すようになった。

「わたしは泣くのなんて平気よ」と、アナは、わたしが言ったことと同じことを言った。何週間かまえに、自分の質問を追求することを、思いとどまらせるのではなく、勇気づける方法を学んだとき、安堵の気持ちから涙をこぼしたある学生に、わたしはそう言ったのだった。「泣くことに抵抗を感じているひとはいますか?」アナは再びわたしの例にならってクラスのみんなに問いかけた。みんなは「ない」と答えた。午前中でも、みんなは平気で感情を表に出した。わたしはこのクラスのなかで、固有の文化が形成されていることに気づいた。

インタビュー対象者のマイカに、大学院での教育経験に関する質問をしたアナは、マイカの回答に、三つの声があることに気づいた。ひとつは、大学院課程に対する彼のフラストレーションを伝える「閉じられた」声、もうひとつは、つねに「正直に言うと」という言葉で開始される、「閉じられた」

声を遮る「正直な」声、三つ目は、マイカが自分の話《ストーリー》を再構成するときの、「男性的歴史修正主義《リビジョニスト・ヒズ・ストー》者《リー》」の声である。ゼミに提出した最後のレポートのなかで、アナはつぎのように書いている。「この声のなかで、〔マイカは〕大学院での居場所、教師としての役割、彼の母親（教授）との現在の親密な関係に関するあたらしい物語を提示している」。インタビューが行われる過程で、マイカは、計画していた法科大学院への進学ではなく、人文学の博士号を取得する道を選んだ理由を、新たな視点でとらえることができた。はじめは罠のように思えたものが、彼の言葉を借りれば、「楽しい義務」になったのだ。

「それはわたしの人生を変えてくれた」と、アナは涙を流しながら、晴れやかに語った。アナは、マイカと同じく、アフリカ系アメリカ人の血を引いていた。ふたりともたくさんの選択肢から進路を決めることができる優秀な学生だった。アナは大学卒業後に、有色人種の学生がエリート大学へ入学するための手助けをする仕事についており、彼女の問い（有色人種の学生たちは大学院教育をどのように経験するのか）はこの経験に根差していた。アナは、マイカへの聞き取りから何か学べるのではないかと考えていたけれど、彼の三つの声が、自分のなかの琴線に触れたことは予想外の出来事だった。アフリカ系アメリカ人の価値観をもつ自分の文化と、自分が得意とする大学文化とのあいだにつくった防壁を取り壊しながら、アナは白人が大部分を占める教室の学生たちに向かって、どうして大学院に残りたかったのか、どうして教育分野の博士号が欲しかったのかをやっと知ることになったと話した。わたしは、ガードを解いたあの日のアナの美しい顔を思い出す。アナがレポートの最終版を提出したとき、わたしは彼女の文章が、より流暢に、よりわかりやすくなっていることに気づいた。

髪をコーンロウに編み、腕にタトゥーを彫り、背が高く肩幅の広い一八歳のＴＪに対してエリカが行ったインタビューも、予期しない共鳴をもたらした。「一〇代の少年は中絶をどのように経験するのか?」というエリカの問いは、その内の数名が中絶をしたことのある思春期の少女のための劇団を率いてきた数年間の経験と、少年心理学の文献とにもとづいている。ＴＪの感情《エモーション》の率直さ、妊娠と中絶の両方に対する自分の気持ちへの洞察力、ガールフレンドの妊娠を彼女が打ち明けるまえに気づいた共感性と直感的な知、ふたりのあいだに生まれたこどもとマイカとの、さらには彼の母親との感情的なつながり、そしてこのすべての経験をつうじて、ガールフレンドに感情的に寄り添い続けることができたという事実について、エリカには何も言うべきことはなかった。しかし、自分の質問が、数年前に自分がボーイフレンドに妊娠を告げないと決めたことと結びついていることに気づいたとき、エリカは打ちのめされたような気持ちにもなった。エリカのＴＪとのインタビューは、一〇代の少年についての一般的な思い込みを覆したが、それと同時に、自分自身がそうした思い込みをもつことで、ボーイフレンドについて知っていたことが見えずにいた事実を彼女にいっそう鋭く突きつけた。レポートのなかで本人が書いているように、彼女は、ボーイフレンドがやさしく《ケアリング》、思いやりのある男性であることを知っていたのである。

博士課程の修了に必要な単位はすべて取得し、あとは博士論文を書くだけだった、わたしのティーチング・アシスタントは、課題を完成させることに苦労していたダンに対して、自分も何年か前にこの授業に参加したとき、強い感情に対処できなかったのを思い出したと伝えた。セッションが終わりに近づいたとき、ティーチング・アシスタントは自分の言ったことがダンに「批判的」に聞こえはしなかったか心配したが、ダンも教室のほかの誰も、そんなふうには受け止めていなかった。それからティーチング・アシスタントは、授業のこのセッションが「難しく」、「混乱させる」ものであったと言った――そうして彼は学生の経験として受け止めたものに理解を示そうとした。わたしが気づいたのは、「難しい」とか「混乱させる」といった言葉を、女性の誰も使っていなかったということだ。女性たちも課題に困難を感じてはいたが、そこで挫けるのではなく、それを突破するのだと、彼女たちは口にしていた。彼女たちにとって、壁は崩れやすいものに思われたし、実際にそれを突破することで、ダンを奮起させ、同じように突破するよう勇気づけていた。挫けることなく、突破することは可能だと、身をもって示してくれた女性たちの姿勢になにか響くものがあったのか、セッションが終わるころには、彼の目は潤んでうちとけた表情になっていた。

第4節　なぜわたしたちは、いまなおジェンダーを研究する必要があるのか

少年のレジリエンスが、幼少期の初期から中期への変わり目に大きな危機に直面することは、少なくとも初等教育にかかわった人びとのあいだでは、今では共通の認識になっている。この時期の少年にリタリン〔うつ病や過敏症治療の薬〕が処方されることがいかに多いか、考えてみればわかるだろう。少年の問題は、

たいていは神経障害と小学校のあり方に起因している。説明がどのようなものであれ、長年の観察によれば、フロイトがエディプス期と呼んだ時期に、少年は心理的な不調の兆候をより多く示す一方、少女のレジリエンスは思春期に同様に高い危険にさらされる。この違いは何度も繰り返し発見されてきたが、幼少期の初期と中期の少女のたくましさについては、少女は少年ではないという事実のほかに、誰もまだ説明していない。フロイトは『続・精神分析入門講義』のなかで、「幼い少女は、同年齢の少年よりも利発で活発であるし、彼女たちは外界に対してもっと前向きで、より強い対象備給［つまり、関係性］を形成する」(p. 146. 邦訳一五二頁) という印象を書き留めているが、すぐに、その違いに大した意味はないとして片づけてしまった〔邦訳一五二頁を参照〕。幼い少年に高頻度で見られる学習障害や注意障害、発話やふるまいの問題だけでなく、頻繁に発生する抑うつ状態について語られるとき、人びと――専門家や両親やジャーナリスト――は、神経系や少年の発達の遅れ、学校教育の構造、乳児の男の子にとくに顕著に見られる虚弱さを指摘してきた。通過儀礼のことは誰も話題にすることがなかった。

少女の発達に関する研究は、「女なるものの謎《フェミニニティ》」の解明を行うことで、少女たちに解離を命じ、事実上、少女の精神に杭をうち込む通過儀礼のプロセスを明らかにした。女なるものの謎とは、実際のところは、少女たちに自分の声か人間関係かのどちらかを選ぶことを強いる、家父長制のなかでの女なるものの謎のことなのである。少女たちは、心理的に矛盾として認識した――意識的に、あるいは自分の身体と感情に矛盾として刻むことで――この選択に抵抗し、それが分離に問題があると診断される原因となっている。実際に、彼女たちは分離に問題を抱えている。自分のこころと身体、思考と感情、正直な声と関係性とを分離することに困難を抱えている。なんといっても、この分離には、自分の声と人間関係のどちらも犠牲にすることがともない、その結果、自分が知っているもの、自分が何者であるかということを見失わせるものだからである。

人類学と社会生物学における男＝狩猟者仮説は、いまだに文化戦争を煽り続け、デカルト的切り離し[*15]はいまも大学の教室に君臨し、エディプス型家族は精神分析のなかに鎮座したままだ。家父長制が拠りどころとする、これらすべてに対して異議が唱えられてきた。闇の奥〔heart of darkness. アフリカにおける西洋植民地主義の暗部を描いたジョゼフ・コンラッドの小説のタイトルを踏まえている〕への旅を記述したスウェーデンのジャーナリスト、スヴェン・リンドクヴィスト〔Sven Lindqvist（1932–2019）〕は、つぎのような解離についての言葉で語り始め、最後もそれで締めくくる。「あなたはもう、十分に知っている。わたしも知っている。欠けているのは、知識ではない。わたしたちに欠けているのは、知っていることを理解し、結論を導き出す勇気だ」（*Exterminate All the Brutes*, p. 2, 邦訳一一頁、二六四頁）〔本書二一九頁参照〕。

わたしたちが、虚偽記憶の問題――フェミニズムのなかにあり、わたしたち自身のなかにもある――に取り組むまで、女同士の分断が解決しないだけでなく、女と男は違うのか同じなのか、違うとすれば、どちらがよりよいのかという議論も終わらないだろう。家父長制をジェンダー二元論とジェン

＊15　デカルトの心身二元論的な切り離しのこと。43頁の傍注10、81頁の傍注14も参照。

ダー階層《ヒエラルキー》の原因だと考え、ミソジニーをヘイト・クライムとして認識しないかぎり、どうして自由を手にすることがこれほどまでに難しく、どうして愛がこれほどまでに脅かされるのかをわたしたちは理解することができないだろう。育児、ヘルスケア、そして、わたしたちの惑星へのケアに、わたしたちは押し潰されることになるだろう。わたしたちは、どうして貧困をなくし、戦争をやめさせることができないのかを理解することはないだろう。これらの問題の根底にはジェンダーがあるのであり、少なくともいまは、ジェンダーを研究する必要があるのだ。

プロゼミのフェミニストさんの寓話のなかで、エレベーターに貼りだされた引用文には、こう書かれていた。「言うべきことをではなく、切実に感じていることをそのままに述べねばなりませぬ」。シェイクスピアの戯曲のなかでは、主語は「わたしたち」である。わたしたちは、フェミニズムの指示対象が、女という意味の《わたしたち》から、人間という意味の《わたしたち》へ転換したひとつの歴史的な時代を通過したところであり、この転換は人文科学に影響を及ぼした。わたしたちは、フェミニストの構想が、女を家父長制から解放することからはじまり、民主主義を家父長制から解放することによってあらゆる人びとに自由をもたらすことへと拡大していったことも目撃した。こうして、《わたしたち》を取り戻すために『リア王』の最後の一節に戻り、その四行詩を引用しよう。それは、寓話の示す教訓も、本章のテーマも、そしてサラ・ハーディが語る、わたしたちの子孫が、「わたしたちの種を特徴づけると現在考えられている、相互ケアという古代からの遺産によって形作られた、他者の感情への共感と好奇心を保持した人間であり続けるだろうか」（*Mothers and Others*, p.

294）という不安をも包みこんでいる。

われわれはこの時代の重い悲しみを背負って、言うべきことをではなく、切実に感じていることをそのままに述べねばなりませぬ。もっとも老いたるお方がもっともよく耐え抜かれた、われわれ若い者はあれほどおおくのことを目にすることも、あれほど長く生きることもありますまい。

〔邦訳二九〇―二九一頁〕

第3章

自由連想と大審問官

――ある精神分析のドラマ

Free Association and the Grand Inquisitor: A Psychoanalytic Drama

この章は劇のように、ドラマティックな緊張感のなかで展開します。舞台は精神分析。時代は一世紀以上の過去から現在まで。場所はウィーンとアメリカ。

みなさんは、ほとんどの登場人物を――フロイトはもちろんのこと、おそらく大審問官のことも――ご存知ですし、出来事の多くもおわかりになると思いますが、これからお話しするのは、わたしの驚くべき発見をめぐる物語です。わたしは、自分に馴染みのある物語を、自由民主主義の歴史が抱える緊張と、おそらくわたしたちの内面にある緊張をも反映する、精神分析の内なる緊張を照らし出す光のなかで、見るようになりました。

みなさんは、グーグルで検索しても出てこないけれど、ここで展開するドラマとかかわりのある、わたしについてのいくつかの事柄を知っておく必要があるかもしれません。わたしは精神分析と長く継続的なかかわりをもってきましたが、さかのぼればそれは母が二歳のわたしをヴァッサー大学が開催したクララ・トンプソン〔本書一頁も参照〕の公開講座へ連れて行った夏にはじまります。そこでわたしは、声と抵抗の力を発見しました。精神分析との関係は、わたしが大学院に通うようになり、フロイトによって絶望から救いだされたとき、さらに強まりました。わたしはセラピストになるつもりで臨床心理学を研究していましたが、学部時代はずっとシェイクスピアやトルストイ、ジョイス、フォークナー、ウルフなどに夢中になっていたものですから、課題として読むようになった学術論文や臨床例には言葉を失いました。そこでは、人や生活の記述の陳腐さが、数字の羅列で覆い隠され、客観性を装いながら、侮蔑とまではいかないまでも、優越感を潜ませた専門家の声で語られていたのです。わたしはベッドで寝込んで、ヘンデルの「メサイヤ」[*1]を繰り返し流しては、同じ寮のほかの大学院生たちをいらつかせ、昼間はチェーホフやイプセンと一緒にフロイトを読み、夜はボーイフレンドとでかけました。

大学院での問題は、二年目のはじめに、ジム・ギリガンと恋に落ち、ケンブリッジのある雪の夜にふたりがこどもを授かったことで解決しました。ひとりの救世主《メサイヤ》が現れたことで、学部で専攻していた文学に戻るか、母の友人であるソフィーのアドバイス通り、医科大学院に進むか、という終わりの見えない妄執《オブセッション》から解放されることになったのです。代わりに、ジムとわたしはクリーヴランド〔オハイオ州の都市〕に行って、そこで彼は医科大学院に通い、わたしは博士論文を書き終えるため奨学金の支援を受

*1　ドイツに生まれイギリスで活躍したゲオルク・フリードリヒ・ヘンデル（Georg Friedrich Händel（1685–1759））が一七四一年に英語で書いたオラトリオで、聖書から採ったその歌詞には「声を上げよ、恐れるな」（『イザヤ書』四〇章九節）の一節も登場する。

けながら、生後間もない息子のジョナサンと好きなだけ一緒に過ごすことができました。わたしは遊び心に溢れた祖父のもとで育ったので、ジョナサンと遊んだ日々は、こども時代のもっとも幸福な思い出を呼び覚ましてくれました。ジョナサンと一緒に床にすわって積み木やミニカーで遊ぶことは、今は亡き友人で心理学者のバーニー・カプランが「馬の調教《ドレサージュ》」にたとえた大学院でのトレーニングから解放されるひとときの休息でした。「誘惑への応答――動機の分析」というタイトルの、これまでもっとも短い博士論文のひとつを書きあげると、自分の欲望と価値観が新たにはっきりしたわたしは、二歳の息子といっしょにクリーヴランドのアフリカ系アメリカ人たちのコミュニティで有権者登録をし、彼らの活発な芸術活動の拠点である、カラムハウス〔クリーヴランドのフェアファクス地区に一九一五年に創設された、合衆国でもっとも古い歴史をもつアフリカ系アメリカ人の劇場〕の芸術モダンダンスの一団に参加しました。

戦争をするより愛し合う喜び〔「戦争をしないで愛し合おう（make love not war）」は、一九六〇―七〇年代に米国の反戦運動のスローガンとなった〕を知ったわたしは、平和の母のひとりになりました。ジムはシカゴ大学でインターンを開始し、わたしはというと、取得したばかりのハーバード大学の博士号を使って、大学の非常勤講師らしく小銭を稼いでいたころ、一時的にではありましたが、政治運動によって、精神分析が政治的な抗議を黙らせるため使われることがあるという事実に、出くわすことになりました。大学の成績が、どの学生をベトナムに派遣するかを決める材料として使われはじめたとき、わたしは、その提出を拒否した、ほとんどが若手からなる教員たちのひとりでしたが、その抗議活動のリーダー的な存在と見なされていたようで、学長に呼び出されました。あとでわかったことですが、その学長というのは、父の友人のそのまた友人である弁護士だったのです。厳粛な学長室の寒々しい空気のなかで、わたしの倫理的な異議申し立てを、父に対する反抗のあらわれだと解釈することで、学長は、わたしの情熱的な抵抗の行動を片づけてしまったのです。

反抗はたしかにいたるところに拡がっていました。「冬の兵士」運動（軍隊内ではじまったベトナム戦争の反対運動）のあと、サマー・オブ・ラブ〔ヒッピー・ムーヴメントが最盛期を迎える一九六七年の夏を指す言葉〕がやってきて、たくさんの壁が崩れていきました。突如として生れた自由の感覚と、それにともなうさまざまな困難を説明するのは、今となっては難しくなりました。ワシントン大行進〔一九六三年にワシントンDCで、キング牧師の呼びかけによって始まった人種差別撤廃を求めるデモ行進〕の興奮と、その後の公民権法〔一九六四年にアメリカで成立した人種差別を禁止する法律〕の成立は覚えていますし、いまでもビートルズの歌を聴くと、正義への情熱とともに、あの時代に満ちあふれていた、屈託のないユーモアを思い出します。

ジムは精神医学の後期研修医として勤務するために、わたしは三人の息子たちの世話《ケア》をするために、ハーバード大学に戻りました。そこで、人間のライフサイクルに関する講義をエリク・エリクソンと一緒に教える機会を得ました。わたしは再びフロイトを読んでいましたが、そのころにはすでにエリクソンを師と仰ぐようになり、心理学と歴史、臨床と芸術家の感性を結びつけた彼に、わたしはインスピレーションを受けましたし、進むべき道を教えてもらいました。しかし、精神医学の研修期間を終えたジムが、ボストン精神分析研究所で訓練を受け、分析家の候補者となり、自己分析を開始したころ、わたしはヴァッサー大学で過ごした夏を彷彿させるメンタリティに陥っていました。ふたたび現れた壁は、今度はわたしたち夫婦のあいだに立ちはだかったのです。ジムの分析家は、分析がうまくいくためには、わたしとは分析の話をしないようにと言っていました。お互いに何でも話すというわたしたちの習慣が破られた結果、何が起こったかについて、詳細は省きたいと思います。ここではつぎのことだけを述べておきます。ジムはやがて、自分の情熱を追求するために研究所を去り、精神分析的に訓練された自分の耳を活かして、暴力を研究するようになりますが、わたしはというと、ほとんどは自分のために、『もうひとつの声で』を書きました。「わたしが何を考えているのか知りたいなら――」という自分の内から溢れてくる声に応えるようにして書きましたが、そんなことに本当に興味を持ってくれそうなのは、自分と家族と友人以外にいないだろうと高を括っていました。

本の出版後、わたしにとっていままでになくラディカルな啓発的研究にかかわっていたときに、わたしは自己分析を開始しました。当時のフェミニスト心理学を含む女性心理学が、基礎となる少女の発達研究から切り離されていることを発見し、ジョセフ・アデルソンが一九八〇年に出した『青年期心理学ハンドブック』から、思春期をめぐる心理学は、「大部分が男の子に関する研究である」ことを学び、『もうひとつの声で』に描かれたすべての声のなかで、もっとも女性読者の注意を引いたのが、一一歳のエイミーの声だったことが分かったわたしは、心理学の歴史の空白を埋める仕事にとりかかりました。わたしは、大人になる経験を、少年の視点ではなく少女の視点から、たどりなおそうとしました。

こうして、自己分析の過程で、自分のライフヒストリーを振り返っていた、まさにそのときに、わたしは、幼少期から思春期に向けて成長していく少女たちに聴き取りを行うということになったのです。驚いたのは、そのとき、失われた時を思い出すという、プルースト的な体験をしたことでした。

紅茶に浸したマドレーヌの味のように、思春期の入り口に立つ少女の声が、膨大な記憶の貯蔵庫を開いてくれたのです。自由連想を通して、また、自分の分析家の助けを借りて、わたしは自分のなかにある解離をうち消していくと同時に、「わたし《アイ》」と「知っている《ノウ》」のあいだに「ならぬ《ドント》」の命令が指図する〈知らないの状態《ノット・ノウイング》〉に入っていくことについて研究対象の少女たちが語るのを、一語一語忠実に聞き取りながら、彼女たちのなかで解離のプロセスがはじまる現場に立ち会っていました。こうして、わたしは、この命令を聞いた自分もほかの女たちも、いかに自分たちのライフヒストリーを書き換え、承認された台本《スクリプト》に当てはめてきたのかを発見しました。また、芸術家たちの特筆すべき例外を除いて、文化的に推奨され、心理学者たちによって承認された、この書き換えられた物語が、一般に真理のように誤認されていることに気づきました。文化が自然として読み違えられ、通過儀礼のプロセスが人間の発達のひとつの段階であるかのように解釈されてきたのです。女同士のあいだや、女と男のあいだの分断を永続させてきた分離は、男らしい特性に特権を与えることも含めて、物事の「自然な」秩序として理解されてきました。これらすべては、解離によって支えられ、声と記憶の喪失のうちにあらわれてきました。

自由な発想をもつ分析家に分析を委ねたことで、わたしは、それまであまりに凝り固まりすぎて、物事がどう言われているかではなく、どうであるのかという方向にすぐに向かってしまう思考のあり方から、より深いレベルで解放されました。『もうひとつの声で』はひとつのはじまりだったとはいえ、わたしが経験した分析と、いまも続くジムとの関係がなければ、やがて取り組むことになる仕事を覚悟するのに必要な勇気はもてなかったかもしれません。『もうひとつの声で』から『歓びの誕生』までの二〇年にわたる旅は、女性心理学と少女の発達を結びつける研究に捧げられ、それに続いて、幼い少年の研究と、男女の愛における行き詰まりに関する研究を行いました。これらすべての仕事は共同研究であり、わたしは五冊の本を学生たちと一緒に書きました（『十字路で出会う』、『声と沈黙のあいだ』、それと三冊の編著）。しかし、『歓びの誕生』は自分自身の単独での探究であり、少女の研究を人間理解の本土《メインランド》から切り離している、根強い解離と思われるものに取り組んだものでした。たとえば、リン・マイケル・ブラウンと書いた『十字路で出会う――女性心理学と少女の発達』は、『ニューヨーク・タイムズ』で、その年〔一九九二年〕の注目に値する一冊として評されましたが、『ニュー・リパブリック』誌と『ネイション』誌の書評には、「ギリガンの孤島」〔一九六四年から六七年に放映された米国のコメディドラマの同タイトル（邦題『ギリガン君ＳＯＳ』）にかけている〕という見出しがつきました。

わたしは連想の流れにしたがって、現代のアメリカに生きるこどもたちの声と、時代と文化を越えて芸術家たちが記述してきた声（エウリピデスの悲劇のイピゲネイア*2やシェイクスピアの『十二夜』のヴァイオラ*3から、ツィツィ・ダンガレムバ〔Tsitsi Dangarembga（1959-）。ジンバブエ初の女性作家〕の『ナーヴァス・コンディション』*4のタムブ*5、トニ・モリスンの『青い眼が欲しい』のクローディア*6まで）のあいだの共鳴を拾いあげてきました。びっくりしたのは、幼い少年に生じる解離プロセスのはじまりも、わたしが目撃した男たちの忘却も、『失われた時を求めて』のなかでプルーストの語り手に訪れる幼少期の回想と似通っていたことです。アンネ・フランクが日記を編集したこと、そして、実際の日記と彼女の手になる編集版の日記のほとんどが残っており、一九八九年に校訂版として出版されたことを、オランダの若手の学者デニーゼ・デ・コスタから教えてもらったとき、わたしは、自己編集のプロセス――これは、わたし自身の内部にあることを知っていたし、少女や女たちとの研究でも観察してきたものです――が、歴史の網にかかり、琥珀のなかの化石のように保存されていることに気がつきました。

　愛と自由へ通じる抵抗の小径を、わたしたちは自分自身の内部で知っているのであり、そのことを示すために、わたしは神話と自分の夢とを結びつけ、研究を文学や伝説だけでなく自分の思い出とも結びつける連想的な声で、『歓びの誕生』を書きました。わたしたちがこの小径を知っていることは、自分では知らないかもしれませんが、それはわたしたちの文化的な遺産の一部となっており、アプレイウス〔Apuleius。帝政ローマ時代の弁論作家〕が語っていたプシュケーとキューピッド（ないしエロース）の神話の物語〔アプレイウスの『黄金の驢馬』の挿話〕のなかに保存されたあと、シェイクスピア（彼はアプレイウスから広く引用している）の戯曲だけでなく、A・K・ラマヌジャン教授〔A.K. Ramanujan（1929–1993）。インドの詩人、インド文学の研究者〕が蒐集したインドの「女が中心の物語」を含

＊2　『アウリスのイピゲネイア』に登場するミュケーナイの王女。父王アガメムノーンと国のために女神アルテミスの犠牲となった。

＊3　彼女が男装せざるをえない仕儀に陥ったところから喜劇が繰り広げられる。

＊4　ダンガレムバが一九八八年に英語で発表した自伝的小説。一九六〇年代のローデシア（現ジンバブエ）を舞台に、家父長制と植民地主義の矛盾に苦しむ、一〇代の少女タムブとその従姉ニャーシャの成長が描かれる。

＊5　現在のジンバブエに生まれ、ジェンダーと植民地政策による差別のなかで教育を受けることを切望し、人生を切り開いた著者自身の姿を投影した物語の主人公であり語り手。

＊6　白人の価値観のなかで白人の容姿に憧れる黒人の少女ピコーラを主人公にした物語の語り手。

む、さまざまな小説や民話へと繋がっていきました。

スワースモア大学で学部生だったとき、ゲシュタルト心理学の第一人者であるハンス・ウォラックの知覚に関するゼミを受講したわたしは、錯覚（なぜ天頂にある月よりも地平線にある月の方が大きく見え、静止した光が動いて見えるのか）の実演に魅了されると同時に、スクリーン上で正方形が回転すると側面が浮かび上がり、立方体だと認識するという、人間のもつ錯覚する能力にも魅了されました。フロイトは、芸術家が知覚の点でほかに抜きん出ている点にとくに注目した人でしたが、その理由のひとつだとわたしが考えるのは、彼らが文化のレーダーから逃れる連想法に依拠していることです。解離から抜け出すよう、自分で自分を説得することができないように（「自分が知らないことは知らない」と歌にあるように）、家父長制の規則や価値を支える、科学的というよりも疑似科学的な枠組みを解体しながら、なおその枠組みの構造内部で仕事をすることはできませんでした。ウルフが言うように、あたらしい言葉を見つけ、あたらしい方法を創りだす必要があったのです。

わたしは、自己分析の最中にフィクションを書きはじめたことに自分でも驚きながら、小説『キラ』を書きました。そして、息子のジョナサンと一緒にわたしたちの戯曲『緋文字』を『パール』というオペラの台本に書きなおしていたとき、ニューヨーク大学の同僚デイヴィッド・リチャーズ（五九頁の傍注5を参照）と一緒に、わたしの心理学的発達の研究とデイヴィッドの倫理的抵抗の研究を統合することで『深まる闇』を執筆し、倫理的抵抗の声のルーツがイデオロギーではなく、現在わたしたち人間の本性だと認められているものにあることを明らかにしようとしました。

こうしてわたしは、〔冒頭で述べた〕本章の劇に、すなわち、精神分析の歴史に一貫して流れている方法と理論とのあいだの緊張関係をめぐる劇にたどりつくと同時に、本章のタイトルが示唆している問い、すなわち、ドストエフスキーの大審問官の寓話やエーリッヒ・フロムの著書〔『自由からの逃走』〕に見られるように、わたしたちの自由への欲望は、自由から逃走したいという欲望によって、外側からだけでなく内側からも反撃されるのだろうかという問いにたどりつきました。わたしは『深まる闇』から題材を引いてくるつもりです、したがって、「わたしたち」と言う場合、デイヴィッド・リチャーズとわたしのことを指すことになります。わたしたちの本〔『深まる闇』〕の副題、「家父長制・抵抗・民主主義の未来」は、民主主義の未来が家父長制に対する抵抗に懸かっているというわたしたちのテーゼを要約したものですが、タイトルの方はフロイトに負っています。フロイトは、ルー・アンドレアス・ザロメ宛書簡のなかで、かすかに光るものを見ようとすれば、闇をさらに深くする必要がある、と述べています。[*7] 倫理的抵抗の萌芽を見いだすために、家父長制の制度と実践に関する研究に着手したわたしたちは、驚くべき観察にたどりつきました。アウグストゥス治世のローマから一九六〇年代まで、時代と文化を越えて、倫理的抵抗の声、つまり、不正義に抵抗する声は、性的に抵抗する声、言いかえれば、家父長制の「愛の法」——アルンダティ・ロイ〔Arundhati Roy（1961–）。インドの作家〕が書いたように「誰が、どんなふうに、どれだけ愛されるべきか」[*8]〔*The God of Small Things*, p. 311〕を定めた法——に抵抗する声をと

＊7　『フロイト著作集8　書簡集』（生松敬三・伊藤利男・馬場謙一・野田倬・池田紘一訳、人文書院、一九七四年）の三一九頁を参照。

もなってきたというものです。このセクシャリティとの結びつきが、わたしたちをフロイトに導くことになるわけですが、前置きはこのあたりにしておきましょう……。

第1幕　『ヒステリー研究』と女たちの知

時は一八九五年。登場人物は『ヒステリー研究』の共著者フロイトとブロイアー〔Josef Breuer（1842–1925）。ウィーンの医師でフロイトの協力者〕、そして、ヒステリー患者の女たち。

『ヒステリー研究』の舞台中央にいるのは、愛について自分が知っていることを見たり、言ったりすることを禁じられた若い女性、プシュケーだ。発見につぐ発見のただなかで、ブロイアーとフロイトは、精神的苦痛が身体的苦痛に変化する過程をたどることで、こころと身体の深い結びつきを明らかにする。彼らは、意識が分裂することで、わたしたちの体験の一部が、わたしたちには気づかれない外部に行ってしまう、解離のプロセスを記述する。そして、ヒステリー患者の若い女性たちの治療に取り組むことで、精神のなかに隠された秘密を解き放ち、解離を解消する連想の力を発見する。それは、心理学にとって、火を発見することに相当するものだ。

プシュケーと同様に、『ヒステリー研究』に登場する女性たちは、ただの犠牲者ではなく抵抗者でもあった。彼女たちは、話すことを禁じるタブーを内面化しながら、みずからの身体を、その症状を通じて、象徴的にコミュニケーションをとっていた。フロイトの鍵、彼の「錠前をはずす道具《ピック・ロック》」は、ヒステリーの根底にあるプロセスを反転させることだった。フロイトは、ヒステリー患者たちが主に回想に苦しんでいることに気がつくと[*9]、彼女たちの記憶を身体から言語のなかへと移動させた。

しかし、ヒステリーの「失われた」声、あるいは沈黙した声が発見されたときの様子はといえば、フロイトが『夢解釈』のエピグラフに採った、『アエネーイス』（古代ローマの詩人ウェルギリウスの叙事詩。ローマ建国の祖アエネーイスを主人公とする）のつぎのようなイメージを喚起するならば、まさに地獄のような大混乱だった。「*Flectere si nequeo superos Acheronta movebo*（天上世界を動かすことができないなら、わたしは地下の冥界を動かそう）[*10]」。フロイトには、ヒステリー研究でつちかった洞察によっては、天上世界――医学や大学の同僚たち――を動かすことはできなかった。そこで、今度は冥界、つまり、夢に訴えかけ、自分の夢のなかに無意識への王道を見いだした。彼が歩んできた道は、ちょうどこの重要な時期の著作に登場する『アエネーイス』からの引用によって示されている。「*Forsan et haec olim meminisse juvabit*（いつか、これらのことを思い出すことも、喜びとなるだろう）[*11]」（「遮蔽想起について」一八九九年）、「*Exoriare aliquis nostris ex ossibus ultor*（まだ

＊8　アルンダティ・ロイの出世作で、一九九七年にブッカー賞を受賞した『小さきものたちの神』（工藤惺文訳、ＤＨＣ、一九九八年）の一節（同書五五頁、四六一頁を参照）。

＊9　回想は英語で reminiscence。ドイツ語では Reminiszenz。フロイトでは、Erinnerung（追想）が「単発の想起」であるのに対して、Reminiszenz は単発の想起の「連なり（物語）」を意味し、患者は、この連なりの欠損や症状への置き換わりに苦しんでいるとされる。『フロイト全集2　一八九五年――ヒステリー研究』（芝伸太郎訳、岩波書店、二〇〇八年）の三九四頁、編注9を参照。

＊10　邦訳二〇四頁。翻訳に際しては、ウェルギリウス『アエネーイス』（杉本正俊訳、新評論、二〇一三年）を参照した。

＊11　同書一〇頁。

知らぬ者よ、わが骨より出でて復讐者とならんことを）」＊12（「外国語の言葉の度忘れ」一九〇一年）、そして先ほど引用した『夢解釈』のエピグラフである。これらの引用は、アエネーイスとの同一化を示す前兆であり、その後の展開を知る手がかりとなる。アエネーイスがローマを建国するため、ディドのもとを去り、＊13カルタゴを後にしたように、フロイトも精神分析の研究所を創設するために、ヒステリー患者たち、そして、彼女たちとの共同作業から得た洞察から立ち去ろうとするだろう。

わたしたちは、『ヒステリー研究』の発見が、またたく間にラディカルな意味あいをもつものとなったのを見ている。初期の女性患者たちを自分の教師と呼んだフロイトは、彼女たちから精神の働きだけでなく、内的世界と外的世界の結びつき、精神とそれが埋め込まれている文化との結びつきに関する洞察も教わっている。『ヒステリー研究』において、ヒステリー症状によって象徴的に伝達される知《ノウィング》は、現在、「人間の乳幼児に内在する関係性をめぐる暗黙の知」として認識されるようになったもの（たとえば、誰か知らないひとに抱きあげられたとき、赤ちゃんが泣き叫ぶのを誘発する、瞬発的で直感的な知）に似ている。精神分析が勢いのあった最初のころには、症状をとおして間接的に表現された知は、若い女性たちとその医者たちにとって、はっきりと表現された関係性に関する知になった。

テネシー・ウィリアムズの戯曲『欲望という名の電車』で、妹ステラの夫スタンリーからレイプされたブランチは、その事実をステラに伝えている。するとステラは、友人のユーニスに、「お姉さんの話を信じたら、わたしもスタンリーとは暮らせなくなる」〔邦訳二〇六頁〕と語っている。このような事態を洞察することで、精神分析の歴史に光を当てることができる。女性患者たちの近親姦の話を信じられないフロイトは、家父長制のなかで生き続けることができた。しかし、わたしたちの立場からすれば、この問題は、さらに深刻だ。『ヒステリー研究』の発見により、フロイトはトラウマ、特に性的なトラウマを、神経症の苦しみの源流、いわばカプト・ニーリ、すなわちナイルの水源として見るようになった〔フロイトは一八九六年の論文で、ヒステリーの原因の発見を、「神経病理学のナイルの水源《カプト・ニーリ》の発見」と呼んだ〕[*14]。これと同じ見解は、フェレンツィ・シャーンドル〔Ferenczi Sándor（1873–1933）。ハンガリーの精神分析家〕とアイアン・サティ〔Ian Suttie（1889–1935）。スコットランドの精神科医〕も到達していたはずが、彼らは、トラウマをより広く、声のトラウマ、したがって人間関係のトラウマとして読みといていた。トラウマを抱えている人間は、経験的に自分の声を役に立たず、無力なものとしてとらえているため、権力と権威のある声を取り込もうとする。スタンリーが権力をもつ文化のなかでは、ステラはブランチの声も、それに伴うあらゆるものを、どう受け止めればいいのかわからない。それどころか、ブランチの声を受け入れることは、倫理的理由にもとづいてその文化に抗議することを意味しかねないのだ。

ブロイアーとフロイトが最初に注目したのは、女性たちが自分の物語から切り離されていることだった。フロイトは、エリザベート・フォン・R嬢と呼ぶ女性について、「彼女の愛はすでに彼女の知識から切り離されている」と書いている。女性たちの愛を知識と結びつけることで、フロイトは事実上のイヴ、より正確に言えば、楽園の蛇となった。彼は家父長制の基本的なルール、すなわち、父

---

*12　同書一一八頁。
*13　カルタゴを建国したと伝えられる、都市テュロスの女王。恋人であるアエネーイスに捨てられたため自殺した。
*14　「ヒステリーの病因論のために」芝伸太郎訳、『フロイト全集3　一八九五―九九年――心理学草案・遮蔽想起』（岩波書店、二〇一〇年）の二三五頁を参照。

親たちの役割に権威を認めるというルールに、真っ向から対立するような探究の方法をあみだすことで、文化的なタブーを破り、通過儀礼のプロセスを打ち消《アンドゥーイング》した。

フロイトは最初、エリザベートが知識を隠しとおそうとしているのではないかと疑ったが、すぐに彼は、彼女が自分自身にも秘密を隠そうとしていることを発見した。フロイトは、解離、すなわち、知っていることを知らないことにしてしまう、意識の切り離しに遭遇したのだった。記憶の隙間、ばらばらに断ち切れた思考の流れ、因果関係のつらなりのなかで見失われたもの――こうしたものを手掛かりにして、フロイトは、患者の沈黙に注意を向けるようになった。彼は大胆にも、みずからの症状について、「患者たちは何らかの病因的意味をもっているものすべてについて知っている」という前提のもとで治療を進めることにした（*Studies on Hysteria*, p. 110, 邦訳一三七頁）。エリザベートが連想の流れを断ち切ったり、自分には何も起こってないと主張したりするとき、緊張し、思い詰めた様子の彼女の表情を観察したフロイトは、その額に手を置き、あなたはほんとうは知っているのだと言い聞かせた。この方法が失敗しないことに気づいた彼は、切り離された知識が、慣れ親しんだものであると同時に驚くべきものでもあることを知った。「知っていました」とエリザベートは言った。「そのことを最初に、あなたに言えたのです」。それなのに、彼女はそうしなかった。自分が知っているものと再びつながるには、自由連想と手のひらの感触の両方が彼女には必要だった。

フロイトは、精神分析の方法を用いて、家父長制の深い秘密《ディープ・シークレット》のひとつである父と娘の近親姦の秘密を含む、娘たちが自分の父親について知っていることを明らかにした。ピエール・ジャネ〔Pierre Janet 1859–

1947）。フランスの精神科医〕をはじめとする精神科医が、ヒステリーの基盤と見なしたトラウマは、フロイトの理解では精神を身体から解離させる性的なトラウマとなり、その結果、身体は、意識の外にある体験の保管庫になった。フロイトが連想の力——意識の流れと人間関係の触れ合いの力——によって解離を解消することができることを発見したとき、彼の探索の前に精神が開かれた。

初期の仕事のなかでフロイトが直面した課題は、父の声を放棄することだった。ひとりの医師として権威を求めたフロイトではあるが、自分の方法を押し通すためには、その要求をあきらめなければならなかった。彼の強みは方法——連想を解放するための方法——を知っていることにあった。しかし、自分の苦しみの原因を知っているのは患者だけであった。自分の身体で知っていることを知るようにエリザベートを励まし、彼女が自分の声を自分の経験と結びつけるようにうながすことで、フロイトは、彼女が父親の声を自分の声として受け入れるようになった通過儀礼のプロセスを、体系的（かつ逆説的）に、打ち消していった。彼女の「頑なな人柄《ネイチャー》」〔邦訳一九八頁〕がとけはじめると、足の痛みはおさまっていった。

トラウマの心理学と家父長制の心理学は、ここにおいて一点に交わる。フェレンツィがトラウマの動かぬ証拠だと考えた「舌の混乱」[*15]、つまり、加害者の声を自分自身の声として採用することは、父

*15　フェレンツィの論文"The Confusion of Tongues Between Adults and the Child：The Language of Tenderness and of Passion"（1933）を示唆している。邦題は「大人と子どもの間の言葉の混乱——やさしさの言葉と情熱の言葉」（森茂起・大塚紳一郎・長野真奈訳『精神分析への最後の貢献——フェレンツィ後期著作集』岩崎学術出版社、二〇〇七年）。

への同一化であり、それは家父長制の秩序に精神が組み込まれることを意味する。しかし、同一化の対象は、父そのものである必要はない。むしろ、家父長制における権威の声、父の法に同一化し、その要求を内面化することが問題なのだ。一見、適応の一形態に見えるプロセスには、その中心に沈黙が隠されており、この沈黙のなかに、わたしたちは、ほんとうに起こったことを言うことはおろか、知ることさえ困難もしくは不可能にする、声の喪失と記憶の混乱を聞くことになる。解離を解消する連想の力を発見したことで、フロイトには文化の盲点が見えるようになった。みずからが築いたあたらしい科学を、啓蒙と自由に結びつけるというフロイトの夢は、手の届くところにまできていた。

第2幕　トラウマの隠蔽

時は一八九九年と一九〇〇年の変わり目。フロイトは『夢解釈』を携えて登場する。

神話によれば、オイディプスの父ライオスは、少年に性的虐待を加えていた〔クリュシッポスの誘拐と強姦〕。アポロン神はライオスに、天罰はつぎの世代から、自身の息子の手でもたらされるだろうと告げる。妻イオカステーが息子を産んだとき、ライオスは自分の身を守るためにその子の殺害を計画し、彼女に協力を求める。ふたりは息子の脚を杭で貫き（このために名前は、腫れ上がった脚を意味するオイディプスとなる）、丘陵に置き去りにして死なせる計画を立てる。イオカステーは計画を実行するために——あるいは計画をつぶすために、赤ちゃんを羊飼いにひき渡すと、その羊飼いは筋書きにしたがってオイディプスを別の羊飼いに渡し、こうして、オイディプスはコリントスに連れて行かれ、そこで、王と妃の息子として育てられることになる。

オイディプスが成長しても、トラウマの唯一のしるしとして、脚の傷跡ははっきりと残っていた。何が起こったのかを語る声はない。彼は何も憶えていない。父を殺し母と結婚する運命にあることを知ったオイディプスは、その運命を避けるためにコリントスを離れる。オイディプスは、ある十字路で、どちらが道をゆずるかの口論となり、年配の男を殺害すると、テーベに行き、スフィンクスの謎をとき、女王である年配の女と結婚する。

エディプス・コンプレックスを定式化するにあたって、フロイトは近親姦や殺人の願望を、それらが埋め込まれていたトラウマの物語から切り離している。そのかわり彼は、近親姦や殺人の願望に、父・母・子の三角形のなかで展開する生得的欲動や本能に由来するとされる普遍的な空想《ファンタジー》としての役回りを与える。母親と結婚し、父親を殺害したいという願望は、近親姦や殺人を禁止する文明と衝突する。そして、その結果として生じるのが、願望と禁止が互いに衝突するダイナミズム（たとえば、母親を欲望しながら嫌悪すること、父親を愛しながら殺害したいと思うこと）であり、それが、エディプス・コンプレックスを形成している。トラウマというよりも、こうした内的葛藤が、神経症の育つ素地になる。こうしてトラウマを除外したエディプス・コンプレックスが、精神分析の基盤となる。

こうした配置《プレイスメント》あるいは置き換え《ディスプレイスメント》*16によって、フロイトの著作は驚くべき変化を遂げることになる。

フロイトが以前は師と仰いだ女性たちは、いまや生まれつき秘密主義で、文明によって発育不全になった者として記述される。わたしたちは、女性患者たち――イルマとドーラ――と議論するフロイトが、彼女たちの症状が意味することは、自分のほうが彼女たちよりもよく知っていると主張するのを目撃する。いまやフロイトは、知っている者、夢の解釈者の立場を引き受ける。そして、ヒステリーの研究をつうじて明らかになった近親姦を犯した父親たちは、いまや、良心、道徳、法の裁定者となるのである。

二〇世紀における精神分析の方向性をおおかた決定づけたといえるフロイトのこうした変化を、わたしたちはどのように理解すればよいのか。エディプス・コンプレックスの解消を、こどもが父に同一化することや、こどもが父の声や法を内面化することと結びつけることによって、フロイトは精神分析を家父長制、それ固有のミソジニー、そして父親の声を道徳的権威と同一視することと結びつける。しかし、もっと注意して見てみると、そこには精神分析的なプロセスが作用しているのが認められる。願望は偽装され、抑圧されたものは回帰し、置き換え《ディスプレイスメント》はほんとうに起こっていることを覆い隠す――まさにフロイトが『夢解釈』で記述していたプロセスそのものである。

わたしたちは、フロイトが近親姦の広範性に疑問を呈しながら、同時に近親姦の物語――オイディプスの物語――を精神分析の中心に据えていることに気づかされる。『夢解釈』において、彼は、女性たちの性的なトラウマ体験から、自分の母親との近親姦関係という空想、親殺しも含む空想へと自分の関心を移していった。ソフォクレスやシェイクスピアの偉大な悲劇と同じテーマを自分の夢のなかに見つけだすと、彼は文明の側に身を置き、女性患者たちとのあいだに築いた親密で豊かな関係性から退くことになった。フロイトがこのような関係性のなかで経験した発見の数々や、女性たちとともに感じた深い人間的な共感は、危険やもろさ《ヴァルネラビリティ》、同僚からは騙されやすさ、無能さ、知的な素朴さと見なされるリスクと結びつくようになる。

一九〇六年、フロイトはユングに、精神分析は本質的には「愛によってもたらされる」治療であると書いている。しかし、女たちと権威を共有し、彼女たちの経験を科学の土台とすることは、家父長制の文化に逆らうことを意味する。父親の声よりも女の声に特権を与えることで、フロイトは自分の男としての主張を危うくしていたし、当時のウィーンでは、彼がユダヤ人であることから、危険はより一層高まっていた。ユダヤ人の男として彼は、カール・ショースキーが『世紀末ウィーン』で描いていたような、政治的なリベラリズムの約束と、攻撃的な政治的反ユダヤ主義の脅威とのあいだで板挟みになっていた。ショースキーは、『夢解釈』をフロイトの生涯にわたる闘争のなかにつぎのように位置づけている。

科学者としての、ユダヤ人としての、市民としての、息子としての、オーストリアの社会的・政

＊16　「置き換え（displacement）」は、フロイトが「抑圧とともに見いだした自我の防衛の最も基本的な機制」であり、「抑圧に不可分の本質的な機制」とされる。「願望」や「葛藤」が無意識へ抑圧されるに際して、それらが「意識可能な表象」に置き替えられることで「代理の願望充足」が可能になるとされる。小此木啓吾ほか編『精神分析事典』（岩崎学術出版社、二〇〇二年）の四九頁を参照。

治的現実に対するフロイトの生涯にわたる闘争があった。『夢解釈』のなかでフロイトは、内外両面の闘争に、十全かつもっとも個人的な表現を与えた――それと同時に彼はひとつの画期的な解釈を思いつくことでこの闘争を克服した。この解釈では、政治はこれを精神的諸力の一個の付帯現象的な発現にまで引き下げることができたのである。(p. 183, 邦訳二三二頁)

フロイトは、夢についての著作を、自分のもっとも重要でありかつ先駆的な科学的仕事だと見なした。彼は夢の意味や、人間の精神における夢の機能を発見した。夢が演繹的というより連想的な独特の心理学的論理に従っており、この論理は夢を見た当人の連想を通して判読可能になることを発見したのである。しかし、ショースキーは、この仕事が、個人的であると同時に政治的なものであり、フロイトが、父親の死や、みずからの職業的野心の挫折に苦しんでいた時期に見た極めて自伝的な夢をデータベースにしていることを示している。

オイディプスの悲劇は発達の物語として読むと、フロイトの時代でさえすでにトラウマと結びつけられるようになっていた解離、すなわち意識の分裂を、自然なものと見なす心理学に説明を提供するものになる。無意識のうちにとめ置かれたオイディプスは、わたしたちのもっとも深い願望や恐れのあらわれとして擬装された解離の鋳型となる。フロイトは、「ヒステリーの人によく見られる典型的な諸特徴」として、彼女たちの才能、道徳的な感情の細やかさ、そして「女としての《フェミニン》理想を越えた自立的性質――これは強情さや喧嘩っ早さや閉鎖性として現れることが多くあった――」(*Studies on Hys-*

teria, p. 161. 邦訳二〇六頁）と書き記していたとき、ヒステリー患者のなかに、家父長制における女らしさのコードに対するある健全な抵抗のようなものがあることに気づいていた。彼女たちは、経験を通して知ったことを直接語ることができないとき、症状という間接的な話し方に訴えた。もっともありふれたヒステリーの症状である声の喪失は、「わたしは沈黙させられている」という政治的メッセージを伝えていた。

しかし、女たちの沈黙は、フロイトの理論にとって本質的なものとなっていた。オイディプスのように自分自身を盲目にし、オイディプスのように娘を呼び寄せて、盲目の自分に付き添わせながら、フロイトが、女たちは「自分が去勢されている事実」[*17]を受け入れなければならないと書くとき、彼はわたしたちに、現実を覆す空想《ファンタジー》の力を示している。初期のフロイトは、女性たちの神経症の苦しみを、父親たちの病理、あるいは自分の娘と近親姦的な関係になければ尊敬に値するはずの男たちの病理とつなげて考えることによって、神経症の源流に到達するほどの分別をもちあわせていた。何によって父親たちの性生活と愛における不自然な指向が説明されていたかを尋ねること、そして、母親たちの沈黙ないし共犯も調査することは、心理学的であると同時に政治的な説明をもたらすだろう。わたしたちは、娘たちの身体的な症状のなかに、おとなしく沈黙に向かうことを拒絶する抵抗の声を認める。

＊17 「女性の性について」高田珠樹訳、『フロイト全集20 一九二九―三二年――ある錯覚の未来・文化の中の居心地悪さ』（岩波書店、二〇一一年）の二三五頁、および、キャロル・ギリガン『もうひとつの声で――心理学の理論とケアの倫理』（川本隆史・山辺恵理子・米典子訳、風行社、二〇二二年）の七二―七三頁を参照。

しかし、エディプス・コンプレックスを持ち出すことで、フロイトは家父長制を自然なものとし、リベラルな政治的抵抗は、父と息子、あるいは、父と娘のあいだに生じる葛藤の数ある兆候のひとつになる。

フロイトが『夢解釈』のエピグラフに選んだ『アエネーイス』からの引用は、アエネーイスをディドとカルタゴから引き離した天上世界に対する、ジュピターに対する、ユノの怒りを表現している。アエネーイスは、ローマを建国するという使命を再開し、そうすることで彼の男らしさをめぐる疑いを晴らすために、ひとりの女性との愛を捨て、彼女と共有していた権力をも放棄した。『ヒステリー研究』から『夢解釈』へのフロイトの理論展開はこれと似た軌道を描いている。フロイトの野心と男らしさの感覚は、反ユダヤ主義によって踏みにじられていた。当時の一般的なステレオタイプでは、ユダヤ人の男は、女々しいと同時に、非常に性欲が強いとされていた。こうした背景を念頭に置くと、初期の彼に見られた女たちとの同盟や、セクシュアリティに与えた中心的役割が、のちの見解でよく見られるようになる、「正常」なミソジニーへと向かったことも、彼が「死の本能」として自然なものとするようになる攻撃性にますます焦点を合わせるようになったことも理解できる。もし彼の目的が家父長制的なキリスト教社会のなかで、精神分析を守り、名声を獲得することにあったとすると、このことは必要不可欠な動きだったと言える。しかしながら、この動きによって、精神分析はそのラディカルな鋭さを失ってしまった。

こうして精神分析と周囲の文化との対立は、精神分析そのものの内部に宿ることになる。つまり、精神分析の方法と理論は根本的に相いれないものだったのだ。自由連想のなかに、フロイトは、精神を家父長制の支配から解放する方法を発見していた。その同じフロイトが、エディプス理論を唱えることで、精神のなかにふたたび家父長制を刻みこんだのである。解放的な方法と抑圧的な理論とのあいだの対立は、分析家と患者のあいだの関係にまで根をおろしたが、この対立を解決することの難しさは、どうして分析がしばしば果てしなく続いてしまうのかの理由を説明してくれるだろう。

オイディプスの伝説は、世代を超えて繰り広げられるトラウマの物語だ。それは神話としては、家父長制のなかで精神を悩ます願望や空想《ファンタジー》を象徴的に表している。すなわち、こどものことよりも自分の利益を優先する父親に復讐したり、父親の思惑にしたがってこどもを見捨てた母親を性的に所有したりするということである。家父長制の文明が手を下した証拠として、オイディプスの神話は、確かにその悲劇を暴露している。

小説家のギッシュ・ジェン〔Gish Jen（1955－）。アメリカ〕は、ファシズム政権が権力の座に就くとき、彼らが最初にするのは芸術家を排除することだと述べる。ついで、図書館が閉鎖される。わたしたちの内的な生と歴史は間違いなく謎になる。一九三三年に執筆された『続・精神分析入門講義』の第三一講で、フロイトは「心的パーソナリティーの分割」に目を向ける。彼の主題はエゴ、つまり、自我《アイ》だが、想像上の聴衆である紳士淑女に向かって、型破りなやり方でそれを扱うことになると予告する。お馴染みと思われる考え方から出発して、彼は、「病理学というものは、ことを誇張したり荒っぽくすることによって、ふつうだったら気づかなかっただろうような正常な連関に注意をうながしてくれます。病理学が破損や亀裂を指摘してくれるところにも、正常な場合にはいつも、きちんとしたつながりがあるということです」(pp. 58-9. 邦訳七六頁)と述べる。フロイトは印象的なイメージでそれを説明している。

結晶体は、地面に投げつけられれば砕けますが、好き勝手に砕けるのではなくて、それぞれ決められた分裂方向にそって部分部分に崩壊するのでして、その割れ目の線は、目にこそ見えていませんでしたが、その結晶体の構造によってあらかじめ決定されているのです。精神が病んだ人もまた、このように亀裂が入って割れた構造体にほかなりません。(p. 59. 邦訳七六―七七頁)

フロイトは、神経症の患者たちに見られる精神の断片化《フラグメンテイション》を観察していた。つまり、意識の分裂、こころと身体、感情《エモーション》と思考のあいだの分断である。外界から閉ざされた診察室で、フロイトは、患者たちが隠された自己を関係性――分析家との、自分自身との――に持ち込むよう勇気づけていた。彼の自由連想法は、それまで解離していた自己のパーツ――抑圧された記憶、洞察、そして欲望――を意識に送り戻し、人間の理解、あるいはフロイトが言うところの愛と出会わせることで、精神の全体性を回復させた。愛と真実は人を解放する。

続けて、フロイトは講義のなかで、神経症に苦しんでいる人びとは、「外の現実には背を向けてしまっていますが、まさにそれゆえにこそ、内的ないし心的現実についてはよりおおくを知っており、ふつうならわたしたちの理解のおよばないことをいろいろ漏らしてくれます」(p. 59. 邦訳七七頁)と述べている。神経症の患者のこなごなになった精神は、あらかじめ決定されていた断片化を露わにしている——釈然としないのはそこだ。この断片化の原因はなんなのか？

フロイトは知っていたが、その知識は彼を、自分には受け入れられない立場に追いこんだ。彼は八方ふさがりの状況に陥った。心理学者としてのもっとも創造的な彼の声は、初期の女性たちとの関係性のなかで生まれたものだったが、信頼を勝ち取り、男らしさを示すためには、その関係性を破壊しなければならなかった。それで彼は、自由連想は、これをエディプス理論に縛りつけてしまった。最高の品位と知性を備えた、もっとも創造的な男性でさえ、男としての自分の名誉にかかわるプレッシャーに負け、ほかの男たちの目から見て、自分の男らしさを主張する必要に迫られることがある。こうしてフロイトは、初期の仕事における洞察から自分を解離させた——すなわち、知識から愛を切り離したのである。

フロイトほどの高潔な男性でさえ、たいへん悲しく、とても衝撃的なのは、超自我《スーパー・エゴ》あるいは上位自我《オーバー・アイ》、すなわち道徳的権威の力でもって自己《セルフ》あるいは自我《アイ》に語りかける上位の声《オーバー・ボイス》という形で、家父長制の声を、精神の構造そのものに組み込んでしまったことだ。こうしてフロイトは、政治に背を向けたというよりも、むしろ徹底的に家父長制的な政治を心理学のなかに書き込むことで、より破壊的な帰結をもたらしたのである。

家父長制を自然なものとして受け入れてしまうと、わたしたちは、なぜ性愛がかくも問題含みで、なぜ戦争をはじめとした攻撃性にかくも抗うことができずにいるのかを問えなくなってしまう。

女《フェミニニティ》なるものの謎をとくことはできなくなる。このような心理学のなかでは、関係性のトラウマ的な崩壊（愛するものを欲望することも、欲望するものを愛することもできないという）が、男による暴力や、「性愛の領域における貶めの一般的な傾向［これをフロイトは、男の傾向だとしている］」（"On the Universal Tendency", p. 179, 邦訳二三一頁）をこれほど風土病的に蔓延させているのではないかと問いを立てる余地もない。戦争も悲劇的な愛も、いわば自然の摂理にかなったものであるかのように見えてきてしまう。家父長制的な心理学を文明と結びつけて文化の歴史を読むとき、それがもたらす不快さと神経症は、わたしたちが支払うべき代価のように見えてくるのである。

トラウマの話はこれで終わりではない。

そしていま、精神分析にひとつの裂け目が生じる。トラウマの物話にはふたつあるのだが、そのように語られているのはひとつだけである。戦争における男たちの体験を検討したフロイトは、「戦争のトラウマ」に関して書き、従軍精神科医として経験を積んだ彼の弟子たち（フェレンツィを含む）のエッセイを集めている。『制止、症状、不安』（一九二六年）のなかで、フロイトは客観的不安を第一義的なものと見なしている。フロイトは、一部の人が主張しているように、幼少期の性的虐待の存在やその悪影響を決して否定したわけではなかった。ブダペストのハンガリー人の精神科医たち（フェレンツィだけでなく、聖エルジェーベト病院を拠点としたグループ全体）は、第一次世界大戦中に避難した市民、少年や少女を対象に、トラウマ（神経症の患者だけでなく精神病の患者の）について書いており、同じことはウィーンでもアウグスト・アイヒホルン〔August Aichhorn（1878–1949）。オーストリアの教育学者、精神分析家〕が行っている（一九二五年に公刊された彼の『手に負えない若者』[*18]は、フロイトも大いに称賛した）。メラニー・クライン〔Melanie Klein（1882–1960）。オーストリアの精神分析家〕は、フロイトにならって、攻撃性の遍在を説明するために死の本能の仮説を説いたが、若い社会民主主義者（そのなかには、ヴィルヘルム・ライヒ、オットー・フェニヒェル、アニー・ライヒ、エディット・ヤコブソンがいた）[*19]は、「環境」——すなわち好ましくない社会環境や家族間のフラストレーション——が人びとを戦わせ、戦争に赴かせるのであって、生得的な欲動がそうさせるのではないと主張する。第二次世界大戦後の、現代の精神分析家であるエリザベス・ヤング＝ブリュール〔Elisabeth Young-Bruehl（1946–2011）。ハンナ・アーレントやアンナ・フロイトの評伝で知られる〕とクリスティーン・ダンバー〔Christine Dunbar（1944–）。ニュージーランド出身でカナダのクリニックやトロント大学で仕事をした〕は、わたしたちにつぎのことを思い起こさせる。

アンナ・フロイトは、〔ロンドンの〕ハムステッド戦時保育所の報告書にトラウマの影響を記録し、ボウルビィは、戦時中の分離がこどもにおよぼす影響について書き、ウィニコット〔Donald Woods Winnicott（1896–1971）。イギリスの小児科医、精神分析家〕は、クライン派への理論的忠誠を捨て、環境の影響を強調する方向に転換しました

＊18　August Aichhorn, *Verwahrloste Jugend: Die Psychoanalyse in der Fürsorgeerziehung. Zehn Vorträge zur ersten Einführung*（1925）。邦題は、『手におえない子』（三澤泰太郎訳、誠信書房、一九八一年）。

＊19　ヴィルヘルム・ライヒ（Wilhelm Reich, 1897–1957）、オットー・フェニヒェル（Otto Fenichel, 1897–1946）、アニー・ライヒ（Annie Reich, 1902–1971）はオーストリアの精神分析家、エディット・ヤコブソン（Edith Jacobson, 1897–1978）はドイツの精神分析家。

（そして「環境としての母」[20]に関して語るようになりました[21]）。

人生には本物のトラウマがあり、人びとはそれに苦しんでいる。

それなのに、幼少期の性的虐待や思春期の暴力についての女たちの話は、依然として疑問視されていた。フロイトの死後も、第二次世界大戦後の数十年間も、女たちのことになると、現実よりむしろ空想《ファンタジー》が強調される傾向は頑として残り続けた。エディプス理論にとって、女たちは目の上のたんこぶだった。職業柄懐疑主義的な精神分析家たちは、父親の死の翌年である一八九七年にフロイトが取った立場を少なからず共有していた。フロイトは、腹心の友であるヴィルヘルム・フリース〔Wilhelm Fließ（1858–1928）。ドイツの医師〕に宛てた手紙に、「無意識には現実性の標識は存在せず、そのため真実と情動《アフェクト》を備給された作り話とが区別できない」（*The Complete Letters of Sigmund Freud to Wilhelm Fliess*, p. 264, 邦訳二七五頁）ので、神経症をトラウマに結びつける自分の理論をもはや信じることができないと述べている。つまり、性的トラウマのような強烈なものの場合、何が実際に起こったかを知ることはできないということだ。娘たちの声は父親の評判に対抗させられていたが、フロイトの方は、傍観者の立場を取るだけだった。

ここでわたしたちが目撃しているのは、解離について語ることから、無意識について語ることへの理論的転換、より正確には、無意識そのものの理解の変化である。精神分析には、無意識に関するふたつの考え方がある。ひとつは、無意識を、抑圧された、あるいは解離した記憶、洞察、願望のすべてが行きつく場所としてとらえる考え方だ。この場合、それらは自覚の外——無意識——にあるが、連想をとおしてふたたび自覚させることができる。もうひとつの考え方は、無意識を生得的な欲動の場所と見なし、中世の絵画のなかで、地獄が煉獄からも天国からも区別して描かれていたように、領域が異なるものとしてとらえるというものだ。どれほど汗水垂らして頑張っても、現世でそこにたどり着くことは不可能だ。だからこそ、解釈者、すなわち精神分析家＝司祭《プリースト》が必要になるのである。

フロイトが新たに修正を施した概念では、無意識は、解釈によってのみ接近可能となる。わたしたちは、患者とその無意識のあいだに立つ解釈者という司祭職の成立を目にする。そして、精神分析家が解釈者としていまや権威の座に就き、平等な声にもとづいていたはずの民主主義的な方法が階層構造《ヒエラルキー》に屈するのを目の当たりにするのである。

精神分析の内部における抵抗の声は、戦争、社会的混乱、そして、家族の機能不全（とりわけ悪い母親業）と結びついたトラウマに焦点を当てた。性的欲動と攻撃的欲動、あるいは生の本能と死の本能を強調するのをやめて、わたしたちが生まれながらにして関係性への欲望をもっており、人間的な愛着は（性的欲動の派生物であるよりむしろ）第一義的なものであるという認識へとパラダイムシフトが起こりはじめていた。

しかしなお、オイディプス伝説に埋め込まれていたトラウマに名前をつけることができなかった。フロイトがライオスをめぐる導入部〔ライオスによる少年虐待の過去〕を省略していたことは、マリアンネ・クリュル〔Mari-anne

＊20　D・W・ウィニコット『情緒発達の精神分析理論——自我の芽ばえと母なるもの』（牛島定信訳、岩崎学術出版社、一九七七年）を参照。

＊21　この引用は、ヤング＝ブリュールとダンバーのEメールでのやり取りに由来する。参考文献を参照。

Krull（1936–）。ドイツの作家〕が『フロイトとその父』のなかで指摘し、彼女以前では、精神分析の訓練を受けた文化人類学者ジョルジュ・ドゥヴルが指摘していたが、ライオスの前史は復元されなかった。精神分析の考え方では、エディプス・コンプレックスは、依然として、家父長制の文化のなかで発達したものというよりも、その大部分が人間の成長に内在するもので、抑圧、とくに母親との感情的な親密さや同一化を求める少年の欲望を抑圧した結果であるとされている。精神分析家たちはトラウマを精神に刻み込み、以後、精神は悲劇の烙印を身につけることになった。魂と愛の結合を象徴する神話のカップルであるプシュケーとエロースは、オイディプスとタナトスに取り換えられ、歓び《プレジャー》（プシュケーとエロースの娘）は、喪失と反復強迫に道をゆずった。

しかし、わたしたちは、近親姦の物語を語ることそのものにも、置き換え《ディスプレイスメント》があるのを見てとる。精神分析の理論における現実から空想《ファンタジー》への力点の移動は、近親姦の物語の語り手が交代したことにともなうものだ。わたしたちは、若い女性が父親との近親姦的な関係の経験を語るのを聞くのではなく、少年が母親との近親姦的な関係を空想するのを耳にするのである。少年を特権化することで、少年の空想が女性の現実を覆い隠してしまう――あるいは、より陰湿なやり方で、女たちの声をエディプス理論に同化させ、無意識に焦点を当てることで、現実と空想との境界をうやむやにする。わたしたちは、アエネーイスとともに冥界にあり、そこは「見る」が「見たと思う」に変わる、影と幻の世界である。

これ以降、精神分析理論は、父親の声に従わず、家父長制の物語に縛られない女たちの声に脅かされることになる。

第3幕　女たちの抵抗、男たちとの共闘

時は一九七〇年代。女たちが登場し、ふたたび主役となるが、今度は患者としてではなく、時代精神とともに、権威に異議を唱える心理学者として登場する。

一九七〇年代以降、ジェンダーのレンズは、家父長制と固く結びついた心理学に焦点を絞るようになった。そこでは、調査研究に女が欠けていることがほとんど見過ごされてきたし、認識されたとしても、それは重大なことだとは考えられていなかった。アルンダティ・ロイの小説『小さきものたちの神』の言葉を借りれば、それは「はっきりし過ぎていてかえって誰にも分からない」〔*The God of Small Things*, p. 168, 邦訳二五三―二五四頁〕欠落だった。それが些細なことではないことを、わたしたちは、女からはじまり、少女と少年へと広がり、さらに男に関して真実だと思われていたものを再検討することになった研究から見いだした。家父長制によって無私《セルフレス》であるよう、他者への感受性をもつよう、だがみずからは沈黙するよう命じられた女たちが、天の半分を支えていた《ホルディング・アップ・ハーフ・オブ・ザ・スカイ》〔「女は天の半分を支えている」は毛沢東の発言に由来し、アメリカのフェミニズムの文脈でしばしば引用される〕のだ。こころと身体、理性と感情、自己と関係性とのあいだの、長年にわたって盛んに吹聴されてきた分割は、ジェンダーのレンズを通して見ることで、それが家父長制文化の二元論《バイナリー》と階層構造《ヒエラルキー》を反映したものであり、深く

ジェンダー化されていることが明らかになった。このようなジェンダー化された分断は、人間の本性に亀裂を走らせ、男と女の双方の本性を変形させる。その帰結のひとつとして生じたのが、どちらがより優れているのか——男らしい部分かそれとも女らしい部分か——という論争である。しかし、この論争そのものが誤った前提にもとづくものだった。問題はパラダイムそのものにあった。

科学の進歩の古典的な方法によって、矛盾するデータ——家父長制の支配的な構造と食い違う証拠——は、もっとも有益な情報をもたらすことが証明された。こうして女の声は、これまで（女らしさのタグをつけられ、女に結びつけられることで）無視され、価値を貶められていた人間の条件の諸側面を心理学者に伝えるうえで、特権的なものとなった。こうした研究からパラダイムシフトが生まれ、バラバラに切り離されていたものが結びつけられた。旧来のパラダイムでは、女は理性的ではなく感情的で、関係性をもつが自己はないと見なされ、反対に男は感情的ではなく自己感覚《センス・オブ・セルフ》が自律的であるかぎりにおいて理性的だと考えられていたが、あたらしいパラダイムはこのような区分けを解消した。こうした洞察の源泉は、女たちの異なる声にあった——それは、人間のあらゆる経験が本性的に関係的であることを主張することで、その区分けに抵抗していた点で異なったものだった。

パラダイムシフトによって、以前は聞くことも理解することもできなかった女と男の双方の声が解放されると、フロイトの初期をはじめ、フェレンツィ、サティ、ウィニコットなどの洞察に回帰する形で、心理学の再構築が行われ、解離とトラウマにますます焦点が当てられるようになった。女と赤ちゃんと母親に関する研究、そして、少年と男に関する新たな調査は、発達理論の刷新をもたらした。

そして、この光のなかで、愛の必要とトラウマ的な喪失の結果が明らかになった。

しかし、心理学的な発達が、家父長制の要求、そのジェンダー規範・役割・価値観と衝突する交点をより根本的に解明したのは、少女たちを対象にした研究だった。その研究は、それまで正常な発達過程におけるひとつの段階として理解されていたものに光を当てることで、それが家父長制へ精神を誘い込む通過儀礼のプロセスのひとつであることを示した。もっとも重要な発見は、一三歳のジュディが言ったように、思春期を迎える少女たちが、成長することではなく、こころを喪失することに抵抗の兆候を示しているという観察から得られた。そこでの危機とは、関係性の危機であり、抵抗は、声と関係性の引き裂きに対する抵抗だった。逆説的にも、少女たちは自分の正直な声が、彼女たちの関係性を、それも個人的な人間関係だけでなく、若い女として入っていく文化とのつながりをも危険にさらすことを発見していた。家父長制への通過儀礼は、関係性を壊すこと、名誉や出世のために愛を犠牲にすることを要求していたのである。

女になろうとしている少女たちが抵抗するのは、このような犠牲に対してであり、その抵抗の軌跡は、抵抗という言葉のさまざまな意味にわたしたちの目を向けさせる。病気に対する抵抗、権力に真実を語るという政治的抵抗、意識の外に置かれているものを意識化したがらないという、精神分析的な意味での抵抗である。すでに言及した『欲望という名の電車』のなかの、ステラがユーニスに「お姉さんの話を信じたら、わたしもスタンリーとは暮らせなくなる」と言う場面では、彼女は家父長制のなかで生きることのジレンマをとらえている。テネシー・ウィリアムズの戯曲のなかで、欲望という名の電車が精神病院へと行き着くように、起こったことを信じないこと、知らないことが、抑圧を要求する文化に参加するためには必要なのだ。

　自分自身のなかに、つまり、わたしたちの本性そのもののなかに、愛と民主主義的な政治の基盤となる、声と関係性のための能力をもつことを発見したときに、大学院生たちとわたしが経験した、あの最初の喜びを再現することはいまとなっては難しい。思春期の少女は正直な声に「バカみたい」——堪えられない、いやな、間違った、狂っているといったラベルを貼るようになるが、それはちょうど少年が、発達の初期（フロイトによりエディプス期として区分された時期）に、感情的にオープンな声を「こどもっぽい」と感じ、関係を求める自分の欲望やもろさ《ヴァルネラビリティ》を、母親と結びつけて、男らしくないものとして放棄してしまうのと同じである。しかし、思春期の少女と少年を、就学前と思春期の両方から観察した研究によれば、抵抗が心理的なレジリエンスや健康と確かに関連しているという目を見張るような発見がもたらされている。この抵抗は、自然の摂理だから我慢しなければならない、あるいは、成長して社会に居場所を見つけるために必要な代償として扱われる、喪失の必然性や価値を問うという点で、トラブルを引き起こすものとなる。

　一九九〇年代には、心理学的発達をめぐる研究がもたらしたこれらの洞察は、神経生物学における発見によって拡張され、アントニオ・ダマシオの広く称讃された『デカルトの誤り―― 感情《エモーション》、理性、人間の脳』[*22]〔一九九四年〕の公刊によって知られるようになった。発達に関する研究によって、自己と関係性の分裂は、人間的なつながりがトラウマによって崩壊していることを告げるシグナルであることが明らかになったが、これと同様に、神経学の研究によって、理性と感情の分裂は、トラウマや脳の損傷を告げるシグナルであることが明らかになった。わたしたちは、自分たちが自身に関する偽りの物語に取り込まれていたことを学んだが、ダマシオの『出来事の感覚《フィーリング》——意識の形成における身体と感情《エモーション》』〔一九九九年[*23]〕はそのプロセスを解明している。

ダマシオは、意識の神経学的な基礎を探求するなかで、身体と感覚《フィーリング》に根差した中核意識ないし「自己の中核的感覚」と、彼が「自伝的自己」と呼ぶ、物語に取り込まれた自己とを区別した。わたしたちは、神経学的な配線を通じて、ちょうど自分の内部で継続的に映画が上映されているのと同じように、自分の経験を身体と感情に刻々と記録しており、その映画を見ているという意識《アウェアネス》が、時間や歴史を通して自己感覚《センス・オブ・セルフ》を拡張し、記憶やアイデンティティを形成する。このように、わたしたちは自分の身体と感情のなかに、出来事の感覚《フィーリング》を音楽のように録音し、その後、それらはこころと思考のなかで再生されるのである。

わたしたちはジェンダーのレンズを通して、身体と感情に根差した中核的自己と、自己についての物語に取り込まれた自伝的自己との区別を見ることで、こころと身体、理性と感情を切り離す通過儀礼が、いかに自己自身についての偽りの物語——女と男双方の表象における偽りの物語——をわたし

＊22 邦題は、『デカルトの誤り——情動、理性、人間の脳』（田中三彦訳、筑摩書房、二〇一〇年）。
＊23 邦題は、『意識と自己』（田中三彦訳、講談社学術文庫、二〇一八年）。ダマシオにおけるフィーリングとエモーションの区別については43頁の傍注10を参照。

たちに強いるのかが、より正確に見えるようになる。しかし、わたしたちは、自由連想が中核的な自己の声を解放することで、偽りの物語の縛めを解いてくれる方法と理由をも理解している。こうして、経験にもとづく声は、偽りの権威の声に対抗することができる。だからこそ、わたしたちは偽りの物語を見抜くことができるようになる。

博士課程の学生を対象としたケンブリッジ大学における非公式のゼミで、学生のひとりが自分の研究の発表をした。彼女は乳幼児の母親を研究しており、母親たちが、「国民保険サービス」〔イギリスの公的な医療制度で、税収によって賄われ、国民にその多くが無料の医療サービスを提供している〕が提供している必須のコースで、母性が理想化されていることに、どれほど圧力を感じているのかを説明する。わたしは、女性を対象としたこのゼミに参加した五人の女性（当時母親だったのはそのうちひとりだけだった）に、乳幼児のいる家庭生活について知っていることを尋ねる。彼女たちは成長する過程で、弟妹《きょうだい》の誕生を経験していた。癇癪、寝不足の両親、泣いている赤ちゃん、そして、散らかり放題の家を、彼女たちは思い出す。ではどうして、とわたしは問う。女たちは母性についての偽りの物語だと知っているものを信じてしまうのか？　どうして経験で知っている真実に耳を貸さないのか？　研究の焦点は移動した。

ここでも、少女を対象とした研究は、アプレイウスが語るエロースとプシュケーの物語――愛と精神の物語から見いだされる洞察を強調するのに、有益なものとなる。少女と女は、女の対象化、理想化、中傷を拒み、男について、また愛について経験的に知っている真実を見たり言ったりすることの禁止を破るなら、プシュケーのように、家父長制の「愛の法」に抵抗する上で重要な役割を果たすことができる。

ジェンダーのレンズは、つぎのことを明断に認識させてくれる。すなわち、家父長制的な男らしさと女らしさのコードと台本《スクリプト》のうちに入るための通過儀礼を少女たちが経験するのは、四、五歳ごろではなくむしろ思春期の傾向にあるため、また、少女たちが父親の声を道徳的権威の声として受け取り、父の法によって生きるよう押さえつけられるのは、思春期（幼少期の初期であるよりもむしろ）であるため、少女たちのほうがトラウマ、声の喪失、解離に対する抵抗のために活かせる資源をより多くもっている、ということである。女たちは、ほんとうの関係性を求める戦いのなかで、彼女たちと同じように、家父長制的な愛の制約に抵抗しようとする男たちと手を結んでいる。この意味で、思春期は少年たちにとっての第二のチャンスとなる。エロティックな欲望と強化された主体性によって、彼らは、みずから抑圧したり隠したりしてきたもの——情動的知性や優しさ——をさらけ出し、家父長制的な男らしさの構造をはねつけるようになるのだ——エロースがプシュケーに愛をうちあけたように。

わたしたちが精神の一体感を感じながら愛し、生きることができるかどうかは、家父長制のジェンダー二元論との結合に抵抗できるかどうかにかかっている。この抵抗の能力が神経生物学によって根拠づけられるという事実が、わたしたちに進むべき正確な道すじを提供する発達心理学の重要性を高めている。自分がどこから来たのかがわかれば、わたしたちは、進むべきもうひとつのルートもはっきりと認識することができる——オイディプスによって象徴される、悲劇の誕生にいたるルートか、あるいは、プシュケーとエロースの抵抗によって象徴される、歓びの誕生にいたるルートか。

第4幕　大審門官の問いかけ——愛と自由を引き受けるために

時は現代。登場人物はキリストと大審問官。

『カラマーゾフの兄弟』のなかで、ニヒリストのイヴァンは、聖人のような弟のアリョーシャに、自分が書いた物語詩を語って聞かせる。舞台は一六世紀のスペイン、異端審問の絶頂期である。神のより大いなる栄光のために《アド・マヨレム・グロリアム・ディ》〔イエズス会のモットー。ラテン語の語順は、ドストエフスキーのロシア語版に従った〕」、「「壮麗な異端判決宣告式《アウト・デ・フェ》」において、国王、廷臣、騎士、枢機卿、それに見目麗しき宮廷婦人たちが列席し、セヴィリア全市から集まったおびただしい数の民衆たちが見守るなかで」（p. 248. 邦訳2巻二五六—二五七頁）、枢機卿や大審問官によって、一〇〇人にものぼらんとする異端者たちが火刑に処されていた。この大火刑のあくる日に、地上に戻って人間の姿となったキリストが現れる。「彼はしずかに、ひとに気づかれないように姿をあらわしたが、不思議なことに人びとはすぐその正体に気づいてしまうのさ」。

「この物語詩でもここのくだりが最高のシーンのひとつになるだろうな」、とイヴァンは言う。

つまり、彼の正体がなぜ気づかれるのかということだ。民衆はもう抑えきれず、彼のほうに殺到し、ぐるりと彼を取りまき、人垣はどんどん厚くなって、やがて彼のあとについて歩きだす。彼は、かぎりない憐れみにみちた微笑をしずかに浮かべ、無言のまま人びとのあいだをとおりすぎていく。胸のなかでは愛の太陽が燃えさかり、栄誉と啓蒙と力が光のように瞳から流れ、人びとのうえに降りそそぎ、彼らの心をたがいの愛によってうちふるわせている。彼は、人びとに両手を差しのべ、人びとを祝福し、その体どころか、衣服に触れるだけで治癒の力が生まれるのさ。（p. 249, 邦訳2巻二五七頁）

キリストは盲人の眼に光を取り戻し、死者に命を与え返す。「群衆のあいだから、動揺、どよめき、慟哭が起こった。そしてそのとき、聖堂の脇の広場を、枢機卿である大審問官がふいにとおりかかるんだよ」。そこで起こっていることを目の当たりにするや、

大審問官は指を差しだし、その者を召し捕れと護衛たちに命じた。すると、だ、大審問官の権威はなんといっても絶大だし、おまけに民衆はおとなしく仕込まれ、恐れおののいているから、群衆はすみやかに護衛たちに道を開ける。そして護衛たちは、ふいに襲ってきた死のような沈黙のなかで彼に手をかけ、引き立てていく。（pp. 249–50, 邦訳2巻二五八—二五九頁）

その夜、「月桂樹とレモンの香」が匂いたつ空気のなか、大審問官は囚人のもとをおとずれ、牢屋に入り、手にもった灯りで照らして、キリストの顔をまじまじと見つめる。そして、彼はテーブルの上にゆっくりと灯りをおいて尋ねる、「で、お前があれなのか？　あれなのか？」返事がないので、

大審問官はすぐにつけくわえる。

答えなくともよい、黙っていなさい。第一、おまえに何が話せるという？　おまえが何を言うかはわかりすぎるくらいわかっている。（……）明日には、おまえを裁きにかけ、最悪の異端者として火あぶりにしてやる。そうしたら、今日おまえの足に口づけした民衆も、明日はわたしの指一本の合図で火あぶりの焚き火めがけ、われさきにと炭を投げこむのだよ。（p. 250, 邦訳2巻二六〇―二六一頁）

大審問官は沈黙するキリストに向かって、「われわれはおまえの偉業を修正し、それを奇跡と神秘と権威のうえに築きあげた」と語ってきかせる。[*24] そして彼は尋ねる。「さあ言ってみてくれ、われわれが、このように教え、実行してきたことは正しかったのか？」（p. 257, 邦訳2巻二八〇頁）

わたしのドラマは解決を見ないまま終わるが、問いははっきりしている。自由連想の力を発見したことで、精神分析家は、人びとの愛と知識を結びつけることによって、彼らを解離から解放することができるようになった。エディプス理論によって、この約束は制限された。現実から空想《ファンタジー》に重点を移動することで、愛による治療は、奇跡、神秘、権威と結びつけられてしまった。かつては自分の症状の病因に関係することはなんでも知っているとされていた患者は、無意識の謎を解釈する奇跡的な力を持つとされる分析家の権威の囚人となった。二〇世紀後半には、解放運動の風が社会に巻き起こり、精神分析家の権威に疑問が投げかけられ、その家父長制的な土台が暴露された。自由連想は父の声と父の法に縛られていたことが明るみになったのである。

こうして大審問官の問いかけは、わたしたちの時代の問いかけとなる。ひとは愛と自由を過度な負担だと感じるという大審問官の判断は正しかったのか？　わたしたちはみずからの生と関係性をどう考えているのか？　自分自身をどう見ているのか？

「裸の王様」の寓話が証明しているように、こどもは本来、嘘に抵抗がある。「ママ、どうして悲しいの？」と尋ねて、母親が悲しくないと否認すると、「ママ、ぼく、ママのことわかってるよ、ママのなかにいたんだもん」と応じた四歳の少年、そして、「わたしの家は嘘で塗り固められている」と話した一一歳の少女は、深く隠れてはいるものの、わたしたち全員のなかにある声で語っているのだ。自由連想の力とは、混乱させ、押し込めようとする強制力から、この声を解放する能力である。精神分析家、その実践、そして、その制度上の取り決めの内部にある対立は、民主主義と家父長制のあいだにある現在の矛盾を映し出し、身体と感情にもとづいた声と、偽りの物語に取り込まれた声とのあいだに響く不協和音を反映しているのだ。

わたしたちは、いまもなおわたしたちの幸福だけでなく生存さえも脅かしている解離を解消するた

＊24　キリストは、奇跡、神秘、権威をしりぞけて、自由であることの手本を人間に示してみせたが、自由は人間には「恐ろしい贈り物」だった。大審問官は、自由という重荷を軽くしてやるために、キリストの事績を、自由の否定たる奇跡と神秘と権威にもとづけなおしてやったというのである。邦訳2巻の二七四―二七九頁を参照。

めに、自由連想の方法を備えた精神分析をこれまで以上に必要としている。しかし、わたしたちが必要とするのは、検閲されたオイディプスの物語から解き放たれた精神分析であり、愛を近親姦に、怒りを殺人に変換する力としてトラウマを認識する精神分析であり、そして、心理学的であると同時に政治的な精神分析——つまり、奇跡と神秘と権威の誘惑に対するわたしたちの健全な抵抗の仲間にくわわって、愛と自由を選び取るリスクを引き受けるよう勇気づけてくれる精神分析なのである。

第4章 抵抗を識別する

第1節　美術館で

火曜日。雨。一一歳の少女たち八人とともに、わたしはボストン美術館に向かっている。少女たちはマサチューセッツ州ウォータータウンのアトリウム・スクールに通う六年生だ。スクールバスに乗りこみ、雨で煙る道を街へ進んでゆく。いまは六月。今学期が終ったばかりだ。六年生に進級したクラスの少女たちは、健全な抵抗と勇気の強化を企図した、一週間におよぶ遠足、書きもの、演劇活動に参加するために、この場に舞い戻ってきた。美術館のクロークルームに集合し、リュックとレインコートを預け、ノートを手に取ると、さあ、準備は完了。今日の課題は、調査報道の記者になって、美術館に展示されている女性たちがどんな姿なのか調べてみること、とわたしは説明する。

「はだかよ」とエマが迷うことなく言う。一同のあいだを賛同のざわめきが走る。それからエマは、ドレスデンの美術館で二時間半も『システィーナの聖母』を前に佇《たたず》んでいたというフロイトの患者ドーラのように、冷たい大理石でできた館内に並ぶ女性たちのイメージに、その裸体に釘づけになる。

（図版 A） Henry F. Darby（1829–1897）*The Reverend John Atwood and His Family*
Museum of Fine Arts, BOSTON

その後、美術館で出会った女たちのひとりとの会話を書きとめるよう求められたエマは、会話の相手に、頭も腕もないギリシャの彫像を選択し、しきたり通りの礼儀正しい会話のなかに、燃えるような質問をふたつほど織り交ぜるのだ。「寒くないの？」、「お洋服はいらないの？」

美術館の彫像と交わしたエマの無邪気で幾分不躾《ぶしつけ》な会話から読み取れるのは、目にした絵画や彫刻の背後で起こっている状況に対する彼女の関心――芸術家とモデルとの関係に向けられた彼女の探究心だ。ふたりは何をし、何を感じ、何を考えているのか。それは、女と男の関係の心理学的な次元に対する好奇心だ。お洋服はいらないの、というエマの問いへの「お金がなくって」という彫像の返事は、このような問いが容易に政治に転化してしまうさまを示しているだけでなく、わたしが追跡したいと思っている以下のような力学を示してくれてもいる。自分が知っていることを知りたい、率直でありたいという、本来政治的な抵抗に向かってゆく思春期の少女たちの人生の傾向が、自分が知っていることを知りたくない、知識を口にすれば関係性が損なわれ、自分の存在が脅かされるかもしれないと恐れる、心理的な抵抗に置き換えられてしまう、そのような力学のことだ。

もう少し美術館に戻って、少女たちの認識と会話、声と視覚の二重化について触れておこう。『ジョン・アトウッド牧師とその家族』（図版A）という絵画をめぐるメイムの記述には、外見と内面、穏やかな表面と爆発寸前の笑いとのあいだの不一致に着目する、彼女のまなざしを読み取ることができる。アトウッド牧師の年長の娘たちふたりについて、メイムは「無表情だ」と書いている。「ふたりとも前方をまっすぐ見ているだけですが、ひとりはいまにも吹き出しそうな様子です」。妻については、「くたびれている感じです」と重たい調子で締めくくっている。少女たちは周囲の人間世界に注意を払い、関係性の変わりやすい空模様と、その水面下を流れる思考と感情とを追いかけることで、いくつかのパターンを見分けることに成功している。繰り返される場面展開や、聴き覚えのあるリズムに気づき、そうやって一見無秩序な日常生活の裏に、カオス理論のマンデルブロ集合に相当するような心理的秩序を見いだすのだ。

ただし少女たちの「無償の教育」――ヴァージニア・ウルフは「人間とその動機を理解する（……）心理学とも呼びうるもの」（*Three Guineas*, p. 9, 邦訳一四頁）をそう名づけた――は、ともすれば権威ある

（図版B） Guercino（1591–1666）*Semiramis Receiving Word of the Revolt of Babylon*
Museum of Fine Arts, Boston

人びとの主張と衝突する知識を彼女たちにもたらしもする。その結果、少女たちはふたつの真実、ひとつの物語のふたつのバージョン、視点の違いを示すふたつの声に向き合うことになる。マルカは、ひょっとするとキューバ系アメリカ人というふたつの文化《バイカルチュラル》が交わる彼女の出自がそこに影響していたのかもしれないが、『バビロンの王女』（図版B）との会話をひとつではなく、ふたつ記述している。ひとつ目は公式版だ。取材記者の声で語りかけながら、マルカは分相応の態度で女王に接している。髪を梳《と》きながら反乱の知らせを受けとっている絵のなかの女に向かって、「こんにちはマダム」とマルカは語りかける。「これほど大きな国を支配するのは、どんな感じなんですか?」と訊ねると、王女は「すばらしいわ」と答え、「とても楽しいけれど」と、あくびをしながらつけ加える。「時間も労力もかかるの」。ふたつ目の会話では、退屈しきった高慢な王女に向かってマルカは自分の声で、「なにやってるの《ワッチャドゥーイン》？」とざっくばらんに尋ねている。すると女王は、急に物事の優先順位をひっ繰り返して、「髪のお手入れ中なの。今朝は反乱の報せに邪魔されちゃって」と答えるのだ。

誰の問題で、何が重要なのか、何は語ることができ、何は黙っていなければならないのか、目にとまっているのに見えていないもの、耳に届いているのに聞こえていないものはないだろうか？　学習している少女たちが立てるのはそのような問いだ。少女たちの会話劇、矢継ぎ早に飛び交う質問とコメントのつぎには、観察すること、顔色を読み取ること、何が起きているのかを聴き取ること、起こりうることを考え、脈を測り、空気を読むことが続く。誰かが怒っていないか？　何が許されているのか？　言葉のふたつの意味あい（招き入れる《レット・イン》、あるいは承認し《アクノリジ》打ち明ける《コンフェス》という意味）において受け入れられている《アドミッテド》ものは何か？　何かが起き、誰かが一線を踏み越えたとき、少女たちのあいだで稲妻のように対立が勃発する。拒絶、その細く暗い線の向こうから、あなたではない、だってわたしたちは――「わたしたち」が誰であれ――あなたと一緒にいたくないもの、という声が聞こえる。

誰と誰が一緒にいたいのかという問いは、少女たちにとってもっとも重要な問いであり、彼女たちはニュアンスや身振り、声と視線、席順、パートナーの選択、女と男の応答、世の権威たちの態度などに隠されたこの問いへの答えを、一日中注意深く追いかけている。裸婦像《ヌード》をはだか《ネイキッド》と言うエマの声。『ジョン・アトウッド牧師とその家族』における娘たちの不遜な態度と母の疲労を語るメイムの声。

髪のお手入れと反乱の鎮圧との関係性を逆転させながら浮かび上がらせるマルカの声。アンネ・フランクが日記を編集する際に抑えたのも、これと同じみっつの声だった。

一九四四年三月二八日、ロンドンからオランダに発信された自由ラジオ・オラニエの放送で、アンネは、オランダ亡命政府が戦後に戦争博物館を建設する計画を立てていることを知る。教育・芸術・科学大臣のヘリット・ボルケステインは、オランダの民衆が戦争の極限状況をどのように生き抜いたかを伝える日記、手紙、教会の説教集に関心があるという。有名作家になるのを夢見ていたアンネはこのチャンスに飛びついた。一九四四年五月からゲシュタポが「隠れ家」を襲撃する八月までの短期間に、アンネは、その年の四月まで書き続けていた三二四ページにおよぶ日記を編集版として書きなおしている。フランク家の潜伏生活を支えた勇敢で親切な友人ミープ・ヒースは、ナチスが踏み荒らしたあとから、散らばったノートと失われたページをかき集めて、元の日記とアンネによる編集版の二冊とも、その大部分を発見した。戦後、オットー・フランクは娘の日記を出版するにあたって、一部の特別な例外を除いて娘の編集を受け入れ、娘が見られたがっていた姿を世に公開した。

アンネはその潜伏生活において、ただナチスに対してだけ身を隠していたのではない。彼女は日記の宛先とした空想上の友人で、「完全に（……）信用」(p. 177, 邦訳一七七頁) できるキティに向かって、「わたしは自分の殻に閉じ込もり（……）あらゆる喜びや悲しみ、軽蔑の念などをこっそりと日記に書き留めました」(p. 438, 邦訳二七四頁) と告白している。元の日記と比べたとき、博物館用に書かれた編集版は彼女が隠し通そうとしていたものを明るみに出している。それは彼女が自分の裸を観察していたこと、彼女と母と姉が「秘密を打ち明けあう仲」だったこと、人がどのような活動を記録し、何に価値を置くのかを彼女は読書を通じて知っていたこと、そして、同じ勇気と苦労でも男と女とでは注目のされ方が異なることに困惑していたことなどだ。一九四四年六月一五日に一五歳のアンネはこう書いている。

このところ、ひとつの疑問が一度ならず頭をもたげてき、けっして心に安らぎを与えてくれません。その疑問とは、どうしてこれほど多くの国々が過去において、そしてしばしば現在もなお、女性を男性よりも劣ったものとして扱ってきたのかということです。これがいかに不当であるのかは誰もが認めるところですが、わたしには、それだけでは十分ではありません。それと同時に、こういう大きな不公平のまかりとおってきた、その原因を知りたいのです（……）。この種のことを、これほど長期間黙認してきた、女性たちのほうも愚かだったとしか言いようがありません。なぜなら、こういう状況が何世紀も続けば続くだけ、それがますます深く根をおろしてゆくからです（……）。たくさんの人びと――おもに女性ですが、男性のなかにも見られます――がいままでは、長年のこうした状態がどれほど誤っていたかを認識していますし、近代的な女性は、完全な自立の権利を要求しています。でもそれだけでは不十分です。女性への尊敬、これも同時に獲得されなければなりません（……）。軍人や、戦争で手柄をたてた勇士は、表彰され、勲章をもらえます。探検家は不朽の名声を博します。殉教者はあがめられます。なのに、いったいどれだけの人びとが、ひとりの兵士に向けるくらいの崇敬のまなざしを、女性にも向けようとするでしょうか（……）女性たちは、自由のために戦っていると大口をたたく勇士たちよりも、はるかに勇敢な、はるかに毅然とした戦士として、人類の存続のために闘い、苦痛を堪え忍んでいるのです（p. 678, 邦訳五五〇—五五一頁）。

少女の知識——身体についての、人間関係についての、世界とその価値についての——と少女の不敬な言動が抵抗の土台になるということは、『女の平和』の時代からすでに知られていることだった。

第2節　もし女たちが……

紀元前四一一年、アテネとスパルタとの破滅的な戦争のさなかに、アリストパネスは下ネタ満載の喜劇『女の平和』のなかで、戦争を終わらせる計画を企てている。もし女たちが、とリューシストラテーは考える。男たちの戦争の不条理を見抜き、しかも人間の身体《からだ》と精神《こころ》の問題を熟知し、男を動かすことができる女たちが、もしギリシャを救済する仕事を自分たちの手で行うならば、暴力を阻止することができるだろう、と彼女は想像する。劇の冒頭、リューシストラテーはアテネとスパルタの女たちを一堂に集め、彼女たちに自分の計画を打ち明けるのだ。平和を創出する女たちを描いた、この古典演劇における女の声と表情は、二〇世紀後半を生きる一一歳の少女たちの声と身振りにも反響している。

「頭にくる……ほんと頭にくるし、腹が立つ」と、サラは表情と体をフルに使って抗議している。目は悲しみを湛《たた》え、眉をひそめ、「テッド〔六学年の教師〕からゴミみたいに扱われたの」ときっぱり言う。場が張りつめる。サラとエマは部屋を徘徊し、うなだれ、互いの肩に腕をまわす。空気はどんより曇り、胸はずきずき痛み、ふいに影がさし、涙が流れる。それから会話、触れあい、光と影、関係性の戯れ、やがてサラの顔を覆っていた憂鬱が晴れてゆく。サラとエマは椅子を引き寄せ並べると、めいめいが二脚の椅子に、一方にはお尻、もう一方には足をのせる。手帳を開き、何かを書きはじめる。

「何を悩んでいるの、リューシストラテー?」とカロニケは尋ねる。アラン・サマースタインの翻訳で一九七三年に刊行されたペンギン・クラシックス版の第一幕の冒頭だ。「そんなふうに顔を顰《しか》めないで。あなたには似合わないわ、弓なりにひそめた眉なんて」。「ごめんなさい、カロニケ、でもイライラしちゃって。女たちにはがっかりね」とリューシストラテーは、アテネとスパルタの女たちがバッカスのためなら集まるくせに、彼女の集会にはやってこないことに憤っている。怒りに我を忘れた相手に声をかけようとするカロニケは、「女が外出するのは難しい」ことを、リューシストラテーに思い出してもらおうとする。

ようやく女たちが現れたとき、リューシストラテーは、女がセックスをやめることを誓いさえすれば、男は戦争をやめることを誓うので、平和が訪れるだろうと説明する。要するに、独りよがりな男の名誉の追求を、セックスという男女相互の歓びにとり換えましょうというわけだ。こうして戦略が立てられる。あの手この手で夫や情夫の性欲を刺激してから家を飛び出し、アクロポリスに籠城するというものだ。劇の中では計画は首尾よく成功を収めている。ただし、ペロポネソス戦争はまだ続いていたのだが。

　そこから二千年以上も経って、ピューリタンのニューイングランドを舞台にした小説のなかで、ホーソーンは同様の構想をさらに発展させている〔『緋文字』については本書七頁の傍注7を参照〕。それは、「男女のすべての関係が相互の幸福というもっとたしかな土台の上に築かれることになる（……）あたらしい真理」（*The Scarlet Letter*, p. 241, 邦訳三八二頁）を女はもたらすに違いない、というものだ。そして彼は、Aの文字を実に巧みに使いまわした見事な解説のなかで、この夢がなぜ失敗に終わる運命にあるのかを説明する。というのも、女がピューリタニズムの「鉄の枠組み」の正体を見破ることを可能にする（able）同じ情熱が、ピューリタンの目には不純な女、汚れた（adulterated）女として見られる結果を招き、女を無力（disable）にするものともなるからだ。

　女を解放すると同時に束縛もするこの二重の夢は、「ヘスターの別の見方」と題する章で詳述されているが、それは七歳のパールが彼女の別の見方をアーサー・ディムズデール牧師に突きつける場面のあとに置かれていた（「牧師さまの弱虫！　嘘つき！（……）あしたのお昼に、わたしの手と、おかあさんの手をとる約束をしてくれないんですもの！」）（p. 142, 邦訳二二五頁）。ヘスターの情熱を暴き立てる緋文字は、同時に、「たくさんの実行する力と同情する力」を彼女にもたらすものでもあったため、「多くの人は赤いAの字をその元来の意味に解釈するのを拒んだ。そういう人たちは、それを「有能な」(Able)のAであると言った。ヘスター・プリンは女らしい能力を身につけた強い女だったからだ」(p. 146, 邦訳二二九頁)。

枠組みの内と外とを同時に生きるヘスターは枠そのものを見ることができる。彼女の「無法な情熱」は精神的な解放をもたらし、ある思索に到達するが、それはピューリタンの秩序を根底から脅すものであったため、語り手が述べているように、ピューリタンの祖先たちは、「緋文字によって烙印を捺された罪よりもなお恐るべき罪悪であると見なしたことであろう」(p. 149, 邦訳二三六頁)。神からの賜物《たまもの》だと考えられていたものが、本当は人間の構築物に過ぎなかったことにヘスターは気づくのだ。それは一方的に作られたもので、「解体し、あらたに再建する」(p. 150, 二三七頁)ことができる。しかし、男たちが剣によって貴族と王を転覆したように(この小説はイングランド王が斬首された時代の物語だ)。しかし、女が社会のなかで「正当で妥当と思われる地位を獲得する」には、「男の本性そのものを、あるいは本性そのもののようになってしまった、男が長いあいだにつちかった習慣を変えねばならない」。同じことは女にも求められる(しかも女が「こういう手初めの改革から恩恵を受けることができるようになるためには、女自身がより大きな変化をとげねばならない」[p. 150, 邦訳二三七―二三八頁])。この政治的展望を実現し、公平で公正な社会を約束するには心理的な変化を必要とする――ヘスターは、これが貴族と王を打倒するよりも骨の折れる仕事であることを理解していた。なぜなら、それは「本性のように」思われるものへの変化を要求するからだ。

一九世紀後半のヒステリー患者の女に似て、ヘスター・プリンは抵抗者《レジスター》の気質、すなわち「生まれつき大胆で活発な精神」の持ち主であり、悲運と幸運とによって自由を与えられた女でもあった。緋文字は、ほかの女たちがあえて足を踏み入れようとしない場所への通行許可証であった。恥辱、絶望、孤独！　これが女たちの教師であった――過酷で粗野な教師であった――そして、女たちを強くしたのは、このような教師ではあったが、まちがったことも多く教えた（pp. 183－4, 邦訳二九二頁）。

こうしてヘスターは、結局のところ矯正されなければならない――フロイトの患者ドーラが鉄の枠組みとなった治療から分析の途中で逃げ出したのとは違って――ヘスターは、ホーソーンの憂鬱な小説のうす暗い終盤において、ピューリタンの袈裟《けさ》をふたたび身にまとうことになるのだ。彼女は助言と慰めを求めて訪ねてくる女たちに、悲哀ではなく相互の幸福にもとづいた女と男の新たな生活秩序が、いずれは生まれるはずだと約束する。ヘスターには、「来るべき啓示をもたらす天使や使徒は女であるにちがいない」ことがわかっており、かつては自分がその預言者かもしれないと想像したこともあった。しかし、天使は美しいだけでなく、「気高く、清く」あらねばならず、「暗い悲しみによってではなく、天上的な喜びと（……）神聖な愛を媒介として」（p. 241, 邦訳三八二頁）賢くあらねばならなかった。したがって、ホーソーンが理解するフェミニズムの「キャッチ＝22[*1]」はつぎのようになる。女に力を与える情熱は、ピューリタンの目には彼女の不純さの証ともなるがゆえに、新たな生活の秩序を思い描くことができる女は、そうであればあるだけ、不可能に直面するというものだ。善から解放された女は、ピューリタン的な秩序の枠組みのなかで悪に拘束される。しかし、その精神には、秩序に疑問を投げかけるだけの自由は残されている。

女に対するこのような拘束は、クローディア・クーンズの悲痛な嘆きのこもった、ナチス・ドイツ時代の女に関する一九八七年の研究書『父の国の母たち』の主題にもなっている。クーンズは、多くの人がぎくりとする、つぎのような問いを投げかけている。どうして女は、とりわけ母たちは、あのような父の集団を支え続けることができたのか。「婦人団」――ナチの社会福祉機関という形容矛盾した組織――の指導者で、『第三帝国の女たち』の著者でもある「女総統」ゲルトルート・ショルツ＝クリンク[*2]にインタビューしたクーンズは、憐みを拒むように自らの善良さと道徳的な敬虔さを主張する、彼女の独りよがりな態度に当惑している。善き母であり善きナチ党員でもあったと自分を語る、開きなおった彼女の主張に、クーンズは「感情犯罪《クライム・フィール》」なる造語をあてている[*3]――それはオーウェルの『一九八四年』に描かれた、あのおぞましい「思想犯罪《クライム・シンク》」の感情版だ。じっさい、医者や聖職者、

＊1　北米の作家ジョセフ・ヘラー（Joseph Heller, 1923–1999）が一九六一年に発表した戦争小説のタイトルで、出口なしの状況を指す言葉として流布した。

＊2　Gertrud Scholtz-Klink（一九〇二―一九九九年）は一九三四年から「ナチ婦人団」と「ドイツ婦人奉仕団」の指導者を兼ね、「女総統」（Reichsfrauenführerin）の異名を持ったが、戦後、フランス占領軍にとらえられ、一八カ月の禁固刑に服した。一九七八年に出版した回顧録『第三帝国の女たち』ではナチ擁護の立場を貫いた。

＊3　クローディア・クーンズ『父の国の母たち――女を軸にナチズムを読む――〈上〉』姫岡とし子・翻訳工房「とも」訳、時事通信社、一九九〇年、三三頁。

教職者などの職に就いた女の多さに比べて、ヒトラーに抵抗した女の数はそれほど多くはなかった。しかし、ナチスの恐怖体制の無慈悲な監視下で、抵抗がとりえた主な形式が、女ならではのものであったという点には驚かされる。赤ん坊の下に文書を隠したり、誘惑と甘言で情報を巻きあげたり、直接行動するのではなく、人を操作するという、いわば女の手管と考えられている方法に立脚した抵抗のことだ。とはいえ、集団としての女は、あからさまに性差別的でミソジニーを剥き出しにしたナチ党に抵抗しなかったばかりか、それを積極的に支持し、投票もした。女たちの怒りや恥辱をはぐらかすために、ナチ党は母の理想化を行っているが、兵士と母という、ヒトラーのドイツの象徴は互いにどう結びついていたのだろうか？

この捩れたジレンマが、女の発達の中心にある。幾千年にわたって男たちのものであった世界を、その内部に参入する少女も、外部にとどまろうとする少女も、どのように学ぶことができるのか、そして、それをどう変えることができるのだろうか？　もし、わたしたちの公的世界と私的世界が分かちがたく結びついており、わたしたちがひとつの世界に生きていて互いの関係を断つことができないのなら、あるいは私的な家を支配する父たちの心理学が、法律のなかにも、道徳の戒律のなかにも明記されており、合法的な力の行使と見なしうるものによって支えられているのなら、娘たちは、この構造の内部と外部に同時に身を置く以外に、どこに身を置く場所があるというのだろうか？　重要なのはインサイダーの知識とアウトサイダーの視点の両方を手放さないでおくことだ。

自身の声と視野を二重化《ダブリング》することで、少女たちが行っているのがまさにそれだ。少女たちは視点を動かして遊ぶことで、ただ単に父の観点を採用することで対立を解消させようとする押しつけに抵抗する（メイムはジョン・アトウッド牧師の観点に抵抗していた）。しかし、初等教育から中等教育に移行するころに、少女たちはすすんで自分を矯正したがるようになる。中等教育の場には、少女たちの声と視点を伝統的な話し方と見方に一致させ、そうすることで人間らしい会話といわれるものにノイズをたてずに参加するよううながす、さまざまな誘因が存在するからだ。一度この矯正がなされてしまうと、枠組みは不可視のものとなり、一二歳の少女の言葉を借りれば、「考えなくてもいい」ということになる。

『ワールド・アパート』[*4]は、記憶をゆっくりと掘り起こしていくような足取りで進む、南アフリカを描いた異色の映画だが、そのなかでショーン・スロヴォは、彼女が一三歳のときに母親が刑務所に連行された一九六三年に遡りながら、その当時の困難な母娘関係にあって、「政治と個人的な問題のいずれの重要性も損なうことなく両者を融合させる方法」を模索している。スロヴォの母のルス・ファーストはジャーナリストとしてアフリカ民族会議（AFC）に中心的にかかわった数少ない白人のひとりだが、映画の時代設定である一九六三年に南アフリカ政府が施行した九〇日間拘留法のもと、

＊4　クリス・メンゲス監督によって一九八八年に製作され、南アのアパルトヘイトに対する抵抗運動に一生を捧げ、テロによる爆弾で命を落とした母ルス・ファースト（一九二五―一九八二年）の思い出に捧げた、娘ショーン・スロヴォの脚本による母と娘の物語を描いた映画。

アパルトヘイトに対するその好戦的姿勢のため、二度の逮捕と拘留をくらうことになった。一九八二年にファーストはモザンビークでレジスタンスと行動を共にしていたときに小包爆弾で殺害された。

幼年期から思春期にかけての少女の発達における境界に焦点を当てたこの映画は、母と娘に関する従来の物語に異を唱え、良い母性と悪い母性をめぐる一般的な決めつけに挑戦する視点を提供している。このような視点のずらしは、映画制作の過程でスロヴァが獲得したある発見が反映されている。この脚本の執筆期にスロヴァは日記を書き留めているが、その日記の序文によれば、つぎのようなことを、ありふれた表現で書こうとしていたという。

アパルトヘイトとの闘争に政治的にコミットしていた白人の女とその一三歳の娘――母の愛、母のケア、母との時間を求めて政治を敵視せざるをえない娘――とのあいだの関係性。いや増す暴力的な抑圧状況に抗して［この映画が］記録するのは家族の崩壊が招く結果だ（*A World Apart*, p. ix）。

しかし、スロヴァが制作したのは、これとはまったく異なる映画だ。スロヴァは家族の崩壊を描きながら、ずっと深いレベルにおける母と娘の結びつき、つまり、母の人生において感情の中心を占めたものに娘も参加を主張することではじめて築かれる結びつきを掘り起こしている。その重要な場面では、一三歳のモリーは母の秘密の引き出しを開け、母の日記を読むことで、文字通り母の沈黙を破ることになる。そこにモリーはもっとも恐れていたものを発見する。母は「わたしたちを見捨てようとしていた」。母は刑務所で自殺を図っていた。「わたしたちのことなんてどうでもいいんでしょ。こどもなんか持つべきじゃなかったのよ」と、ふたりの対話が始まる。

間違った母親業《マザリング》への非難（ポーリン・ケイル〔『ザ・ニューヨーカー』誌で活躍した映画批評家〕そのほかの批評家が行ったのもこの非難だ）を洗いざらい書くことで、スロヴァは自分の声だけでなく母の声もはじめて耳にすることになる。彼女が書くことに抵抗を感じていたのがこの場面、すなわち、「一度も母ともつことができなかった対話と対決」の場面であり、その欠落こそが「人生において、わたしと母を引き離したままにしてきた」原因であったのだが、その場面は、「ずっとそこにあって最後の瞬間まで待っていた」(pp. xi, 18) ことが判明する。

脚本に描かれたそのシーンには思い出に特有の雰囲気が漂い、懐かしい感じがし、母との関係のために戦った娘たちの、そして娘を受け入れる母たちのさまざまな瞬間を呼び起してくれる。こうして、人間のつながりを求める欲望は、善き女、悪しき女というイメージが母娘関係に押しつける抑圧を乗り越え、ショーン・スロヴァの場合は、つぎのような問いをより深いレベルで再構成することになる。すなわち、暴力と人種差別の社会に向き合う年齢に達した思春期の娘にとって、善き母とはどういうものなのか、そして、無関心や残酷さや暴力に直面した少女たちに、抵抗や勇気や愛について女たちは何を伝えることができるのか。という問いだ。

母と娘がばらばらの世界《ワールド・アパート》で生きていけるという考えは、批評家たちの目は騙せても、スロヴァは映画のなかで、それが幻想であることを見破っている。カメラはある囲い込みに観者の目を差し向けている――古き良き南アフリカの白人の母親たちに対する、フェンスに囲まれた私的な家庭生活への監禁のことだ。そのメッセージははっきりしている。娘たちは囲いの向こうを見ることができるため、母親は抵抗に参加しなければ娘たちとともにいることはできない。娘と母はこの闘争のなかで、共にいる方法を考えていかねばならない。

母についてのアンネ・フランクの記述から連想される厳しく冷たい声は、その大部分が編集版の声であって、元の日記には書かれていないことがわかっている。元の日記では、母と姉に対する不満だけでなく、彼女たちと一緒に過ごす楽しい時間（「ママやマルゴーとの仲は、以前のように親密になりました。わたしもこれで一安心」）のことも書きながら、彼女は、移り変わりやすい人間関係とそのストレスを記録している。自分の体をじっくりと点検してみたアンネは、「ここにあるこの小さな突起みたいなものはなんなの？」と母に訊ねると、知らなくてもよいとの返事を受けとっている。もっと大人のレベルで母とつながろうとすると、アンネは障壁に阻まれてしまうのだった。そして、このことが、アンネから見て、自分を切り離したひとりの女を自分の方から切り離すために、母に対して攻撃的になるという結果をもたらしたのだ。

第3節　抵抗

五つの心理学的な真理がある。

一　声として発せられず、語られないものは、関係性の外にあるので、視界からは抜け落ち、精神生活を支配する傾向にある（「思いっきり泣くがよい。悲しみを声に出さないでいると／悲しみがあふれ出し、心が張り裂けてしまうだろう」『マクベス』）。

二　喪失の表現には理想化と憤怒があり、憤怒の背後には大きな悲しみがある（「求めに求め続けても得られないということ」『灯台へ』）。

三　解離されたもの、あるいは抑圧されたもの——知られているもの、そして、その後に知られていないことになるもの——は、繰り返し回帰する傾向がある。

四　精神の論理とは、分類し統制するという公式の論理だけでなく——夢や詩、記憶の論理のように——連想的な論理でもある。

五　わたしたちは自らの問いに答えることで学習する。自分の問いが自分の知っていることを形づくっている。

アンナは一二歳。背が高くほっそりしていて、ショートカットの黒髪。穏やかで用心深い顔からは青い目がじっとこちらを窺っている。彼女は、人が真実を語っているのかどうか、どうすればそれがわかるのか、と問いかける。「自分のことで色々なことが言われているとして、本気で言っているのか、ふざけているだけなのかなんてすぐにはわからないでしょ、たくさんの人がいると、なおさらわからなくなるんです」。彼女は自分が通う公立学校の友人同士（とはいえ、それが本当の友人かどうかは本人にも分からないのだが）のあいだで起こる何気ないからかい、おちょくり、憎まれ口が、意地悪、それも「本気の意地悪」とか、イジメとかとどう違うのか理解しようとしている。アンナのあたらしい学校は女学校で、そこのみんなをアンナは「よい人」だと思っており、「みんなに優しくて、意地悪しない」ときの自分はよい子で、誰かに意地悪したり傷つけたりするときの自分は悪い子だと感じていながら、それでも「ときどき、どうしてもやってしまう」のだという。アンナは「内心はとても悲しいのに、明るく見せようと」するが、「悲しいときには無理に明るくすることができない」ので、みんなは自分の気持ちに気づいているのだと考えている。

マルカは課外活動の遠足でプラム島——ボストン北岸にある海水浴場と鳥類保護区のある島——を訪れたあと、内部と外部のあいだのズレについて書いている。

砂のお城、縮小化された生活。王国が勃興しては倒れ、潮が満ちては引いていきます。運河に、プールに、お城に、森。これが外からの眺め。でも、内部に目を凝らすと、どうなるでしょう——そこでは赤ん坊は生まれているのかしら？　こどもたちは遊んでいるのかしら？　職業を身につけているのかしら？　結婚はしているのかしら？　戦いは起きているのかしら？　死んでいく人はいるのかしら？　愛、喜び、笑いや涙。人生があるんです。砂のお城の人生が。

思春期の少女たちは、幼年期に身につけたインサイダーの眺めと思春期に身につけたアウトサイダーの眺めとのズレに注目しながら、インサイダーの知識が洗い流され、失われてしまう危機にあることを暗に伝えている。少女たちは思春期になると内部と外部との結びつきを、はっきりと意識しはじめ、まわりがどんな声を期待しているのか、「バカ」とか「ガサツ」とか言われないようにするにはどう話せばよいのかを理解するために、声と耳のある種のトレーニングを受けるようになる。他人からおかしいとか、よくないとか、あるいはもっとはっきりと、あなたは間違っているとか言われたくなければ、少女たちは日々の生活のなかで、何を声に出し、何を秘めておくべきかのレッスンを受けるのだ。こうした抑制の問題と戦っていたアンナは、「とにかく、もっとよい人間になるか、もっとよい考え方を身につけたい」のだと述べている。そして、こう説明する。

時々、すごくイライラすることがあって、爆発させたりしてもいいのに、できなくて……人と一緒にやっていく方法を学ばなければならないんです。わたしが喋っていることを理解できない人がいると、すごくイライラして、カッとなってしまうことがよくあるから。「どうしてそんなこともわからないの？　一体どうしたの？　どうしてこっちが見えないの？」って。でも、本当に欲しいものがあるのなら、自分でどうにかするべきなんです。流されてばかりじゃいけない。欲しいものを手に入れるには、少しは戦わないといけないんです。

要するに、アンナは抵抗の問題を関係性の問題として語っている。彼女は「こんなことはしてはいけない……イライラしてはいけない」、「爆発」なんてもってのほかだと自分を抑制することにストレスを感じている。と同時に、自分が望んでいるものを手放すべきではないとも考えている。「こんなことに負けてはいけない」。

一二歳にしてアンナは葛藤と格闘している。彼女が経験していた関係性のジレンマの中心にあったのが母親とのかかわりだ。率直に発言しながら相手と関係を保つにはどうすればよいのか。母親と洋服を買いに出かけたときのことを、アンナはこう説明している。

お母さんってば、いろいろ引っ張り出してきては「これはどうかしら?」って聞いてくるんです。それで、わたしが気に入らないって答えたら、不機嫌になって棚に戻してしまうんです……それなのにお母さんは、わたしが自分の考えをきちんと伝えたらどうなるかなんて忘れてしまって、「本当に思っていることを言ってちょうだい」なんて言うんですよ。

一一歳になるテッシーは、関係性に葛藤を抱えているとき、それを声に出すことが重要だと説明する。どうして「人に言うこと」が必要かといえば、「両方の立場からそれを語る」ことになるからだ。そうすることで「「別の」人間の考えも聞く」ことができるのだという。

言いたいことがあるのに……それを内に秘めて誰にも伝えないと、他人の意見を聞かずに終わってしまいます。もしそれを誰かに伝えて両方の立場から語るなら、お母さんが言うこともお兄さんが言うことも聞くことになります。ほかの人なら、たとえばこう言うかもしれません。きみが怒ってしまう気持ちもわかるけれど、お母さんは間違ってはいないよって。そしたら、まあそうねって答えるに決まってるでしょ。言うだけ言ったら今度は聞く番に回らないとね。

テッシーは争い――といっても、ここでは口げんかや異論を唱える類の争いのことだ――は関係性にとってよいことだとも考えている。「争いは関係性をややこしくするし、争えば争うほど関係は厄介になるけれど……それだけ相手と語り合うことができるのだから、関係はもっと強くなるんです」。みんながお互いを知る方法や友人を傷つけない知恵をテッシーは繊細に感じ取っており、その証拠に、彼女は「単にごめんなさいと謝る」よりも争った方が「人の気持ち」を理解し、「相手を傷つけない」方法を学ぶのだと説明している。とはいえ、争うことで相手と口を利かなくなるか、「溝ができてしまう」危険をもたらしもするのだが。

こうした少女たちのきめ細やかで明快な心理学の知識が、注意深い聴き取りと粘り強い観察にもとづき、博物学者並みに繊細な人間社会の識別を特徴としている点を、わたしが強調するのには理由がある。少女たちの知識は、口に出した途端に下らないこととして片づけられるか、違反行為だと見なされて、その結果、少女たちは、喋るな、何も言うな、せめて公の場では知っていることを口にするのはひかえなさい、と繰り返し注意されることになるからだ。

一二歳のときに、知識を得てどう変わったのかと尋ねられたアンナは、以前は考えもしなかったこと、たとえば、二足す二は四であるとか、アルファベットの文字とか、「先生をただなんとなく信じていた」ので当たり前だと思っていたことについて考えるようになったと答えている。「ただ座ってるだけじゃなくて「A」って言うんです。ああ、くだらない。でも、考えちゃダメなんです」。

考え方について考え、人それぞれの「ものの見方」の違いを考えながら、アンナは、誰かの考えを「おかしい」と思っても、「それもひとつの意見なんです……それが誰かを傷つけないかぎりは」と言う。彼女は他人の意見を尊重する必要があると思っている。しかし、奨学生として私立の女学校に通う彼女は、自分が他人と異なるものの見方をしていることも承知している。「フレンドリーだし、何もかもがステキ。本当にステキだって感じる」この世界のなかで、自分がどうすれば溶け込めるのかを悩んでいる。しかも、この世界は、ありがたいことに自分が発言することを奨励してくれもする――アンナにとってそれは大変魅力的な誘いだ。「だから、たいていの時間は」と、一二歳のアンナは締めくくる、「とてもよい子にしているんだけど、ときどきそうではなくなります。この世界に腹が立つことも、たまにはあるんです」。

一年後、八年生になった一三歳のアンナに再びインタビューしたとき、彼女の受け答えは「さあね《アイ・ドン・ノウ》」の連続だった（一二歳のとき二一回だった「さあね《アイ・ドン・ノウ》」は、一三歳には六七回と、前年の二倍以上に増えており、この増加率はインタビュー内容の長さとも釣り合わない）。アンナは、自分が知っていることを知りたくないという気持ち、自分の声を抑えて集団に従おうとする気持ちと葛藤している。好きなことがあるのかと訊かれたアンナは、普段は勉強と学校が好きだという子だが、「読書と歌うことかな……没頭することができるし、そのあいだは何も考えなくてもいいもの」と答えている。自分のことを知っている人間として話すときの彼女は、「ひとは違う風に考えることもできる」と述べたり、考え方と感じ方は、それがどこから生まれたかによって異なってくるということ、たとえば、詩を解釈する場合のように、スタート地点が異なれば到達点も異なってくるということを説明したりする。

しかし、アンナもまた同調圧力の罠にはまっていた。彼女は成績トップの学生としてだけでなく、クラスの一員としても、自分をあたらしい学校の一員だと感じていた。他人を見て、どちらの道を進むべきかを判断し、彼女の言い方では、「何事にも大反対」はしないようにしている。友だちの意見に合わないと、彼女は「自分にイライラして、なんだか落ち着かなくなって」しまうという。大人は大人で、「大抵いつも、わたしを抑え込もうとしてくる」のだ。アンナは周囲の世界と調和する方法を模索している。友人関係を壊さないように、大人に気圧されてぺしゃんこにならないように、がんばって他人と足並みを揃えている。逆説的なことに彼女は、関係性を保つためと、自分を守るためにも、他人から自分を切り離そうとするのだった。

しかし一四歳になり、九年生になると、アンナは爆発的な変貌を遂げることになる。彼女は自分の声のなかに感じとる変化に、インタビュアーの注意を向けようとする。「前は本当に大人しくてシャイだったんだけど、最近のわたしはとってもうるさいの」。口癖の「さあね《アイ・ドン・ノウ》」はさらに倍増したが（六七回から一三五回に）、それと交互に「そうね《ユウ・ノウ》」を差し挟むようになり、知っていることを知っていると主張したり、書きたいように作文を書いたり、国語の先生が怒るとわかっていてもそれをやるといった具合に、明らかに政治的な抵抗の話を熱弁するのだった。「物事をたくさんの見方で見ている」

というアンナは、別の観点から見ることができるのは、自分が「クレイジー」だからではなく、「クリエイティヴ」だからなのだと言って、つぎのような話を語ってくれた。

授業で英雄譚を書くように言われたが、アンナは英雄なるものを教師と同じようにはとらえていなかった。「かつて人類を救ったタイヘンリッパ《a la-dee-dah》な英雄がいましたってやつ」とアンナは説明する。

別の角度からこの英雄を見るとするでしょ、見方を変えれば、みんなが英雄になりえてしまうの。だからナチの立場で書こうと思って。英雄ヒトラーみたいな。先生はそんなの絶対にだめって言うけれど。それでも書き始めたらカンカンに怒っちゃってさ、「ナチスの不良になったらどうしましょう」って怖がっていたな。

そこで、アンナはふたつの作文、二種類の英雄譚を書くという解決策をとった。「タイヘンリッパ《a la-dee-dah》な物語と、もうひとつはわたしが書きたいと思ってたやつ」。彼女は理由を説明した手紙を添えて、ふたつの作文を教師に提出した。「先生はノーマルな作文の方にAをつけたんです。もう一方のだって、とにかく書かずにはいられなかったから提出したのに。なんだかムカっときたな」。

アンナはヒトラーについて「当時あったグループのひとつに参加したひとりの少年の視点から」書いた。「制服が着られるっていうので、とても得意気になって、敬礼でもしてみようって感じの男の子……作文では、ヒトラーについて書いたというか、ヒトラーを支持する理由について書いたんです」。ヒトラーに関心を示したアンナは、ドイツ人の血を引き、父親は失業中だった。イライラがあ

ると　すぐに「野蛮な暴力」に訴える父と兄を観察することで、アンナは英雄の待望が、暴力で弱さを隠そうとする男たちの行動とつながっていることに気づいていた。このような観点から、英雄譚は彼女の目には理解できるものでありながら、危険なものに映ったのだ。

先生に公然と反対し、そうすることで、ウルフの言葉を用いれば、自分の気持ちを裏切らない、あるいは頭脳の不義〔本書第二章七八頁を参照〕は行わない道を選んだとき、彼女は「ただ本当に怒っていた」のだという。彼女はヒトラーをヒーローではなく、「アンチ・ヒーロー」だと主張する教師を「狭い考え」だと考えていた。「あれは衝動的だった」とアンナは言う。「腹が立ったからあの作文を書かずにはおれなかった……先生に説明するために書いたんです、わかるでしょ、ああしなきゃならなかったんです……先生に理解してもらわないと」。

「先生にわかってもらいたい」というこの切迫した欲求。対話のなかで自分の立場を率直に表明することで、他者とつながりたいという、このどうしようもない欲望。真正な関係性を求めて戦い、沈黙を強いたり、見下したり、拒否したり、無視したりすることに抵抗する少女たちが強く抱くのがこのような思いだ。アンナの友人のひとりは彼女の代わりに教師に直談判した。母親も作文を書くことを応援してくれたが、教師と敵対しない形でやってもらいたがった。結局、アンナは、先生にとって、「なおさら迷惑な話だったのかもしれない」という結論に落ち着いた。この経験から彼女が学んだのは、母親に注意されたように、「人と敵対すべきではない」ということだ。実際、敵対しないで相手に語りかけることだってできた——というのも彼女の考えでは、先生に話を聞いてもらえず、理解してもらえなかったこともあるが、それでも先生は、腹を立てながらも耳を傾けてくれたし、ふたつの作文の両方を読もうとしてくれたからだ。

一四歳にして、アンナは自分が生きる世界の枠組みに目を向けている。痛ましいことに、お金があるところとないところという、経済格差があることに対する学校の一貫性のない取り組みと、その結果としての、学校が標榜する能力主義の限界に彼女は気づくようになった。その矛盾に目を向けながら、彼女は物事の呼ばれ方と実態とのあいだの乖離に意識を集中し、物事を努めて正しい名前で呼ぶという挑発的な遊びに興じるようになった。

その翌年、一五歳になったアンナは、周囲の世界で不問に付されてきた秩序をめぐる身もフタもない質問――宗教や暴力についての質問を投げかけるようになった。彼女は自分の質問が教室のみんなから歓迎されないこと、自分の意見が無視されることを知った。そして、教室の議論が白熱しているただなかでも発言していない人がいることに気づいた。「石のように固まって聞いているだけの人がけっこういました」。

アンネ・フランクはお蔵入りにした日記の部分で、性をめぐる話にただよう沈黙に言及している。一九四四年三月一八日、一四歳のアンネはつぎのように書いている。

両親といわず、ほかの誰といわず、この問題になると、総じて大人はひどく奇妙な態度をとります。こどもが一二歳になるころ、息子だけでなく、娘にもいっさいを話してやればいいと思うのに、逆にその話が出るなり、こどもを部屋から追いだしてしまう親が大部分です。あとはこどもたちが自分で事実をさぐりだすしかありません。あとになって、どっちにしろこどもがそれを知ってしまっていることに気づくと、今度は親たちは、こどもが実際以上に詳しく知っているか、実際よりもわずかしか知らないか、どっちかだと頭から決めこみます（……）。大人たちはここで、ある重大な障害にぶつかります。もっともわたしに言わせれば、そんな障害なんて、じつはほんのちっぽけなものでしかないんですけど。つまり親たちはこう考えるのです。結婚生活において、純潔というものが多くの場合、単なるたわごとでしかないということをこどもたちが知ってしまうと、彼らは結婚を神聖なもの、純粋なものとして崇めるのをやめてしまうんじゃないか、って。
（p. 545. 邦訳三八六頁）

アンネ・フランクと同様に、アンナもまた、こどもに見せたくないものをはぐらかそうとする大人たちの態度に気づいている。大人はそうやって、とりわけ思春期にさしかかったこどもに、見えているものをそれとなく見せない、聞こえているものも聞かせないようにする、そのくせすべてを「素晴らしいもの」だととらえるよう奨励している。アンナを当惑させるのは、残酷なことや暴力について人が語りたがらないことだ。しかし、アンナもまた母親が生活の生々しい部分を秘めておこうとしないときは煩わしく感じるし、どう受け止めたらよいか困惑している——そこには彼女が生きるふたつの世界のあいだで女たちが話す内容に隔たりがあることが幾分か関わっている。

アンナは驚くほど鋭い感受性の持ち主だ。彼女が述べる家族の生活描写は、グレン・エルダーとアヴシャロム・カスピが記述した経済的に苦しい状況にある家族の生活描写ととてもよく似ている。父は無職で情緒不安、母と娘は密着しているというものだ。家族がストレスを抱え込むとき、こどものなかでも心理学的にもっとも危険な状態に瀕するのが幼年期の少年と思春期の少女だという説を踏まえれば、アンナの家族構成（アンナと弟たちからなる）は、こどもたちにとって心理学的なリスクがもっとも高いケースに当てはまる。アンナの回復力《レジリエンス》にとって重要なのが母親との関係性だ。その関係の近さ、対話の明け透けな感じはときに痛ましいほどだ。アンナは母の思いが自分を「蝕《むしば》んでいる」気がするという。母の考えや感じ方を知って混乱することもある。母の見方こそが「唯一の見方」だと思い、「それがどれほど脚色されているか知る」ことがない。それでも彼女は「お母さんが言うことはいろいろと正しいと思える」のだという。

「お父さんのような人を理解できないのは」と、学校で学びはじめて五年目になる高校二年生の彼女は言う。「人がどれほど信じやすいかってことを分かっていない人だ」。学校でこっそり「のぞき見」をしていたとき、普段は思いやりがあって素敵だと思っていた人が「地金を出す」場面を目にして以来、「見えているのはどれも部分的なもの」だということがわかるようになったという。本性を隠す人間の能力に絶望しながら、彼女は父がカメレオンのように声音を変えるさまを「すごい」と述べている。

叫んだり怒鳴ったり喚いたりして、家族のみんなに荒れ狂っているときに電話が鳴るでしょ。すると、「ハロー」ってな具合。もう、ほんとすごいんだから。みんなお父さんを最強だって思ってるけど、お父さんの別の顔を見たら、よくまあ、そんなこと思えるよって、うんざりするから。

「わたしなら」とアンナは思いをめぐらせながら語っている。「みんなにショックを与える内容では世界一の高校生スピーチができるんだけど、誰もそれをしないんです、だからね、それほど違うってことなんです。だって、誰ひとり」と思春期特有の熱のこもった物言いで語る。「誰ひとりとして、わたしとまったく同じ話題を扱う必要がないんですから」。弟たちに対する父の暴力的な爆発は社会福祉事業者を家のなかに引っ張り込むし、母に対する弟の暴力は警察を引っ張り込むというありさまだった。社会階級が違うため、暴力事件が起こるのは（学校では）自分の家だけだとアンナは考えているようだ。とはいえ彼女は、「ポリアンナが」――と、よい女の子の典型としてポリアンナ[*5]を引き合いに出してこう話す――「問題に直面しているのに……人生はバラ色だと考えるのは現実的じゃない。ぜんぜんリアルじゃない……ポリアンナみたいな子がそばにいたら虫酸《むしず》が走ると思う……だって、ぞっとするでしょ。あんなのとは相手ができっこないわ」。彼女が通っている学校を支配し、その支えとなっている優《ナイス》しさ《ネス》には、彼女が実体験で知る世界を受け入れる余地はない……アンナもそれを知っている。彼女によれば「人生のとらえ方がまったく異なっている」のだ。

＊5　米国の作家エレナ・ポーター（Eleanor Porter, 1868–1920）によるベストセラー小説の主人公。

現実の世界だと、とアンナは言う。「おしゃべりをする友達はたくさんいるし、それに、みんな理解があるし、でも、そんなに多くはいない。この学校はね」と話を結んだ。「現実の世界ではないんです」。アンナは学校を愛しているし、学校で手に入るものは何でも手に入れたがり、世界について学べることは何でも学びたがり、フランス語や英語だけでなく、中国語やラテン語も勉強したいと思っているが、自分の将来については、どう考えればよいのか分からないという。学校のみんなが「ノーマル」だと思っている世界――その規範にもとづいてできあがっているような世界――に参入すべきか、あるいはウルフの「アウトサイダーの協会」〔『三ギニー』でウルフが結成を呼びかけた女たちの協会〕に参加して、独立した判断をくだすための支えとなる独立した収入を手に入れるべきか。「大学を出て博士号を取得する人びとのひとりになって、モンタナ州で山のふもとに居をかまえる。そんな変わった連中のひとりになるのも悪くない。養鶏場を持ってもいい。それから本を書いたりしてさ」。そうやってウルフが思い描いた外部にとどまり、「公の場で公的方法によるのではなく、私的な場で私的方法によって」（*Three Guineas*, p. 134, 邦訳二〇七頁）実験するべきだろうか。

第4節　完璧な少女たちと反主流派たち

「気もそぞろな《アンクシャス》鳥は」と、ジョリー・グラハムはその詩『理性の時代』のなかで書いている。

春の野生の緑のなか
気もそぞろな鳥は
蟻浴びをしている、つまり
わたしの果樹園で
蟻塚の上に
猛烈な勢いで

翼を広げ
マルメロのような黄色の
ふんわり波うつ
はねとはねのあいだに
無数の小さな怒れる生き物を
受け入れようとする

鳥に移住したかれらは
慌てふためいたに違いない
はねの惑星の
新しい生命の

大気のなかへ
長い旅路に出るのだった
わたしたちは鳥たちが
その行動をとるわけを知らない
鳥たちはときどき
石炭の上
煙草の吸い殻の上
うっかりとガラスの破片の上にでも
燃えてるところはどこにでも
はねを広げてしまうのだ
そんななか
陽の光はずっと
鳥たちを撫でている
まるで愛のように

この詩は愛についてのひとつの問いかけだ。愛とは開くことを意味している。開くとは受け入れることだ。そして、愛の名のもとに、何を受けとめる用意があるのかを、グラハムは問うているのだ。自然界は、その死の残骸とともにある。「その庭は／鳥たちのまわりで／せっせと自分の仕事にとりかかる／それは死を象徴する／なだらかな開かれ」。そして人間が耕作する世界、その文化の温室で成長する物語は、このように歌われている。「プラスチックの被覆《かぶし》のしたには／人間の庭が広がっている。支え棒と／ひもが／ひと畝ごとに列をなしている。自分の肉体のうえで／燃えたり／切ったり／迷い込んだりしているものを／自分の体内に／受け入れたくないなんて／思うものがいるだろうか？」

ヴェルナー・ヘルツォークの『ヴォイツェク』[*6]のような映画だって、誰がそれを愛の名のもとで受け入れるのか、あるいは受け入れないのだろうか。

わたしたちの愛する
主人公
狂気を抱えたその男は
殺害したのだ

＊6　一九世紀にライプツィヒで実際に起こった殺人事件をもとに、ドイツの劇作家ゲオルク・ビューヒナー（Georg Büchner, 1813–1837）が書いた同名の未完の戯曲を、ドイツの映画監督ヴェルナー・ヘルツォーク（Werner Herzog, 1942–）が一九七九年に映画化した作品。

世界を、自分の妻である
愛する
若い女を
殺害し
その血にまみれたとき

たちまち女が柔らかくなり
つちくれに変わってしまう
そのさまを見て
恐怖におののいた

スタッカートの語りによって強調された、きれぎれの詩行が続くこの部分は、女たちに警告を発している。まるで、オセローがデズデモーナを殺害する直前に、エミリアがデズデモーナに発した警告にそれは似ている――彼女は手遅れになる前に、男について知るべきことをデズデモーナに伝えようとしたのだった。グラハムのことばは警告というものの本質を、船の信号旗や新聞の見出し（「愛する／若い女を／殺害し／血にまみれ」）のようにとらえている。わたしたちはどのくらいの頻度で、どの程度まで、この真実を受け止めるのだろうか？　哲学者ならこれをどう展開するだろうか？　詩人の問いかけに合理的な答えなんてあるのだろうか。「十分に真実であるには、どこまで真実であるべきか？

視覚はどこまで深みに潜り込むことができるのか、そして、それでもなお、愛であることができるのか？」

一一月末、一一歳のテッシーに「この一年を振り返ってみて、何が心に残っていますか？」と尋ねたところ、「夏かな。夏にやること……舟で遊んだり、泳いだり、ほかにもいろんな楽しいこと」と答えてくれた。自分のことをどう考えているのかと訊ねると、テッシーはシンプルに「自分が好き」と答えている。テッシーの人生には、まるで水の流れのように喜びが押し寄せ、さまざまな思い出のまわりをぐるぐると渦巻いている。夏の友だちとの思い出、兄弟とけんかしたこと、泳いだり、読んだり、物語を書いたりしたこと、母親との親密な関係、「ずっと娘が欲しかった」という父親との特別な関係、さらにまた、こどもたちの面倒を看ることで身につけた自信や満足、むっときたクラスメイトにおが屑を投げつけたこと、面倒を起こしてでもやるべきことを決めたこと、困難や問題を抱えている人を助けたこと、そしてあたらしい出会いなど――「そうしているとどんどんあたらしい人と知り合いになれるから楽しいわ」。

しかし、愛の名のもとで、テッシーは尊敬する祖母を模範とする完璧《パーフェクション》さのイメージを抱いている。

おばあちゃんはいつだって和やかで、いつだって笑っているんです。それにいつも役に立つことをしている、よくわかんないんだけど《アイ・ドン・ノウ》。おばあちゃんは老人ホームに通って、文字が書けない人のために手紙を書いてあげてるんだって……おばあちゃんっていつだって何かを作っては、いつも小さいこどもたちのために何かしてるの……大きなテラリウムを作ったり、教会の慈善バザーでいろんなものを売りに出したり、いろいろ楽しみながらやってて、孫たちのこともこどもたちのことも愛してる。おばあちゃんはいつだって幸せな感じで、あなたにも、いつだって喜んで手助けしてくれるわよ。（強調は著者）

繰り返される「いつも《オールウェイズ》」という言葉が、この凍りついたイメージの中心にある停滞をとらえ、テッシーの流動的な世界はだしぬけに動きを停止する。

エレンもまた一一歳のとき、尊敬する人がいるかと訊かれると、これと同じイメージの変種――いつも良い女の派生型とも言える完璧な少女を思い描いている。彼女が「本当に《リアリー》」という言葉を繰り返すのは、自分が見ている存在が本当かどうか問いかけていることを暗に示している。

クラスにいる完璧な子ってのがその子で……その子って本当に《リアリー》背が高くって、まあ、それほどで《ノット》ないとして《リアリー》も、高いことは高いし、かわいいし、なんだってできる。言われたことは完璧にこなすし。頭がよくって、スポーツ万能で、とにかく優秀。知り合いだと、お母さんの大学時代の友だちに似てるかな。その人もなんでもできる人なんだ。あの子にできないことなんて何ひとつない。本当《リアリー》に素敵で、いつも自分を持っているの。

トニ・モリスンの『青い眼がほしい』[*7]の語り手で、聡明な九歳の少女、クラウディアは、小学校に転入してきた途端に「学校のみんなを魅了」してしまった「季節の破壊者」について語っている。

少女たちの人生でも、女たちの小説の中でも、思春期になると決まって登場するこの少女の遍在は、少女たちに見えていたものを見えなくし、見えなかったものを見えるようにする、そのような枠組みの転換が起きていることを教えている。少女たちはあるとき突然、いつも親切で、いつも寛大で、よい感情しか持たず、なんでもこなせる少女という、信じられない存在に遭遇することになる。そして、そのような完璧さのモデルに照らして自己を判断するようになる。それは完璧を体現しているがゆえに、少女たちがこれまで当たり前のものとして受け止めてきた現実――すなわち、人間関係も人物像も流動的で変わりやすい現実に疑いを抱かせるものとなる。「完璧な」少女の存在に目が眩んでしまった少女たちは、すでに英雄譚の世界に足を踏み入れてしまっている。あたらしい枠組みがどこからともなく現れ、突如としてどこにでもあるものとなる。完璧な少女という、信じられない存在の生きた見本が登場したことで、少女たちはこれまでの世界を見失う危険にさらされる。しかし、英雄譚の世界においても、自分が知っていることを知り続けようとしたり、とりわけ、それを公に語ろうとしたりすれば、やはり危険にさらされることになる。かつては少女たちに普通だと思えたこと――話

＊7　大恐慌時代のアメリカ中西部を舞台に、白人の価値観を内面化し、自らの肌の色に劣等感を抱く一一歳の黒人の少女ピコーラとその両親の物語を複数の視点から描いた小説。作者トニ・モリスン（Toni Morrison, 1931–2019）は本作（一九七〇年）でデビューし、一九九三年にノーベル賞を獲得した。

しかた、人との違い、怒り、葛藤、愛、戦い、考え方と感情の良いものも悪いものも、いまや当てにはならず、できそこない《インパーフェクション》の印となるか爪弾きと無視の前触れになるという危険がひそんでいる。

少年にとっての英雄やスーパーヒーローと同様に、思春期になりたての少女たちにとっての完璧な少女は喪失の象徴だ。というのも、それが体現する理想化の裏には、果てしなく続きそうな悲哀が隠れているからだ。この完璧さの象徴を前にすると、女たちも少女たちも本音を吐いてはならず、自分のいくつかの部分を隠さねばならないと思ってしまう。アンネ・フランクは自分の日記が選出されて、博物館に入ることを望んだ結果、自分の「下半身がどんなふうなのか」知りたいという欲望を示している箇所を削除し、母親との関係に対する感情的な複雑さを簡略化し、世の中のことやそのさまざまな価値についての自分の知識はひかえめにした——そして、その作業を引き継いだ父によって、さらにいくつかの編集が加えられた。編集版の日記——博物館用に彼女が計画し、出版用に父が準備したもの——のなかで、母に対するアンネの怒りには修正が施されてはいない。これだけを取り出して見れば、その怒りは、一〇代の少女と母親とのあいだで正常だととらえられているような、両者の離別をうながす怒りの例だといえる。しかし、実際の日記にはもっと複雑な格闘が描かれている。母はアンネを遠ざけていたわけではない。それどころか、アンネは母と深く結びついており、アンネはアンネで、あれこれと母に持ちかけることで、母は母で、それを娘に見せまいとすることで、ふたりとも痛みを感じている。

父が削除し、それが公開されないよう手を尽くした日記の一節で、アンネは母への称賛の声を書きとめている。潜伏中のある日、父は「お母さんが自分にふさわしい妻になると考えた」ので結婚したのだとアンネに述べている。それに対してアンネは「これははっきり認めますし、敬服もしていますけど、お母さんがお父さんの妻という役割をしっかりと受けとめ、わたしの知るかぎりでも、一度として不満を唱えたり、焼き餅を焼いたりすることなどなかったのは事実です（……）。お母さんに対する、お父さんの気持ちは冷めきっています。お母さんへのキスは、わたしたちほかのみんなにする場合と変わりません」（一九四四年二月八日、邦訳三一九―三二〇頁）と書いている。母の方はというと、

ことによると、お母さんがまわりのみんなにとげとげしい、無愛想な態度をとるようになったのは、これまであまりにも多くを堪え忍んできたせいかもしれませんが、あいにくそれは確実にお母さんを愛される人柄から遠ざけ、敬愛の念をかきたてにくくしているのです。そのうちいつかはお父さんも、否応なく気づかされることになるでしょう――お母さんが、うわべだけではけしてお父さんの全面的な愛情を要求することなどなくても、そのじつ内心では徐々に、しかし確実に、ぼろぼろになってゆきつつあることに。お母さんは、ほかの誰よりも深くお父さんを愛していています。そしてこの種の愛情が報いられないのを見せつけられるのって、とてもむごいことだと思います。（一九四四年二月八日、フランク家の求めにより『批評版』から削除され、ラルフ・ブルーメンタールがその記事「五枚の貴重なページがアンネ・フランク論争を更新する」（『ニューヨーク・タイムズ』一九九八年九月一〇日）のなかで引用している。邦訳三二〇頁）

アンネの洞察力には目を瞠《みは》るものがある。そこにはこどもの感性と思春期ならではの剃刀のように鋭い知性との融合を見いだすことができる。あるとき、アンネの父は過去の悲劇的な恋愛を娘に語ったことがあった（アンネの母と出会う前、父は別の女性と恋に落ちたが、経済的な理由から相手の親に結婚を認めてもらえなかった）。しかし、その父の語る悲劇に、アンネは、母がこれまで払ってきた犠牲の重さほどに胸を打たれることがない。自分ならそのような犠牲を払わせまいとする、その拒絶の身振りを通じて、アンネは自らを抵抗者《レジスター》に位置づけているのだ。ほんの一瞬でも母をひとりの完全な人間として――他人《アザー》ではなく、もうひとりの女《アナザー》として――見ることができるアンネの能力は、女同士を競合関係に置くことのない女たちの物語が、わたしたちの耳に届きにくいという現実に気づかせてくれる。その物語こそ、アンネの父がわたしたちの目から遠ざけていたものだった。そして、その理由のひとつが、アンネが父と同じ視点からものを見ていなかったということにある。父は、母に対するアンネの怒りを公表することは厭わなかったが、アンネがずっと苦しんでいた母との感情的な隔たりをめぐって彼女が示した理解も、母の苦境に対するつぎのような洞察も公開しようとはしなかった。「自分が夫の愛情の対象として、けっして第一位になることはないと知らされること、これは夫を愛する妻にとって、つらいことでないとは思えませんし、またお母さんにも、そのことはわかっていました」（一九四四年二月八日、邦訳三二九頁）。

父たちが自分の日記を選び、戦争博物館に収めてくれることを望んでいたアンネ・フランクは、父たちから「うぬぼれ」た「不快」な女だと撥ねつけられかねない自分の側面を隠そうとした。無垢の仮面という一種の心理的な処女性《ヴァージニティ》を身にまとって、彼女は、本当はもっと知っていたにもかかわらず、あまりものを知らない少女として自分を売りこもうとした。彼女が隠匿した証拠は、自分の肉体、欲望、母との彼女の結びつき、そして、彼女が生きていた世界――『ヴォイツェク』の物語もナチスの物語もともに包含するような世界――との彼女の結びつきを暴きたてている。現実の恐怖《リアル・テラー》のただなかを生きながら、それでも彼女は自分の現実感《センス・オブ・リアリティ》を見失うことはなかった。

現実についての少女たちの知識が政治的に危険なものだとすれば、反対に彼女たちが現在起きていることを知らずにいたり、自分を無垢に見せかけたりすることは、心理学的にも政治的にも少女たちにとっては危険なものだ。それが経験と欲望の貯蔵庫である肉体からの切断をともなうため、もうひとりの自分とのあいだの隔絶、関係性の隔絶、自分が真実だと思うことからの隔絶を引き起こすことになるからだ。思春期になると少女たちはそのような切断をうながされるがゆえに、この時期の彼女たちの抵抗は心理学的に欠くべからざるものとなる。そして、同じ抵抗は、少年にとっても治癒となりうる。思春期の少女たちの知識と情熱は、彼女たちが参入しようとする世界において厄介ごとにならざるをえないのだ。

一四歳のロージーにインタビューをした時、彼女は、こちらまで元気になるくらい活発な様子で応じてくれた。インタビューを行ったのは個室だったこともあり、彼女は自分の体について話そうとするアンネ・フランクの、あのためらいがちだが毅然とした書きっぷりにどことなく似た口調で、性的な欲望についてあけっぴろげに語っている（「そのうちまたその問題〔少女の裸がどうなっているのかという問題〕が持ちあがってきた場合、いったいどうしたら実例を使わずに、その〔下の方の〕仕組みを説明できるでしょうか。なんならここで、いちおうそれを試してみるべきでしょうか。えっへん、ではやってみましょう！」〔p.567, 邦訳四〇九頁〕）。しかし、ロージーはその歯に衣着せぬ物言いや不遜な態度のせいで、そして、どう見ても聡明なはずなのに完璧な優等生になることを拒んでいるせいで、学校で問題を抱えているという。

一五歳のとき、ロージーは彼氏と公園にいるところを警官に見つかってしまい、母親に電話をして家に連れ帰ってもらうと脅された。ロージーは恥じ入り、自分がどうなるかを恐れ、母親を失望させるのではないかと心配した。「だって、お母さんはわたしに対してとてもいいイメージを持っていて……完璧なこどもだと思っていたんです」。完璧なこどもとは、どんな感じなのかと尋ねると、彼女は迷うことなくこう言った。「成績はAばっかりで、ひとづきあいもいいけれど、門限はきっちり守って、親の言うことはなんでもよく聞いて、部屋はいつもきれいなの」。「そんな子いるの？」と聞くと、「たぶん。聖人君子ってやつ」と言う。「その聖人さんたちもセックスするの？」と、ロージーを念頭に置きながら訊いてみた。すると「さあね《アイ・ドン・ノウ》」とつぶやくと、答案用紙に書き込む具合にこう答えた。「したいと思ったとき、捕まったり、誰かにばれたりしないなら、するんじゃないかな」。

母親に知られてしまったとき、ロージーは「お母さんを追いかけて……話しあいたかった」という。「口喧嘩とかそういうのじゃなくて……ちょっとお母さんと話をして、向こうがどう思っているのか聞きたかっただけなんです」。英雄についての自分の考えと先生の考えとを結びつけようしたアンナのように、ロージーはロージーで、自分と母親とのあいだでどのような関係が可能か、母親は何を言うつもりなのかを見つけ出そうとしていた。

ロージーの明晰さも茶目っ気も、はりぼての聖人たちを拒絶する不遜さも、自分の身体を手放すまいとする勇気も、自分が生きている世界への困惑と共存している。どれだけ頑張っても彼女は、母のあわただしい人生のどこに欲望と悦びが住まうのか、母の感情の中心がどこにあるのかを見つけることができない。彼女は母から、自分の体をもっと大事にしなさい、警告や危険信号にもっと注意しなさいという注意を受けた。母親たちと教師たちが彼女にこうあるべきだと思い描くはりぼてみたいな完璧な少女は、おそらく現実に存在するし、それはそれで称賛に価する。それどころか、不完全さがしばしば拒絶を意味してしまう世界のなかで、あるいは、より陰気なことにセックスが命取りになり、愛が殺人に、闘争が暴力につながってしまうような世界のなかで、ロージーが自分を大事にしながら生きていく上でのお手本ともなるだろう。

心理的洞察に満ちた英雄譚である『オイディプス王』は、物語の最後で真実が明かされたあと、オイディプスが自分を羊飼いに手渡したのが母親だと知り、自らの両目を潰し、王妃イオカステーは首をくくり、その息子たちは早々と王になって相争い、娘たちは盲目の父の求めに応じて、その旅路に随行するという展開になっている。これを、父が幼年期に負った傷が思春期の娘たちを苦しめるという、家父長的な家族の一生を描いた活人画《タブロー・ヴィヴァン》として見る欲望にかられる。なぞなぞや問いかけに満ちたこの戯曲のなかで、合唱隊《コロス》が困惑を示しているのが、イオカステーの沈黙だ。「ライオスが妻の王妃よ、いかにして、偉業がなされたときに沈黙していられるのか？」

第5節　少女を教育する女／女を教育する少女

九月のニューイングランドの空はフラ・アンジェリコ〔Fra Angelico（一三九五頃―一四五五年）ルネサンス初期の宗教画家〕の青をしている。ローレルスクール〔オハイオ州にある幼稚園から高校までの一貫制の女学校〕で学ぶ少女たちを対象にした調査について、その学校で教鞭をとっている教師たちと話をするため、わたしはクリーヴランドに向けて飛び立った。このプロジェクトは二年目に突入したところで、図書館に入ると、すでに満席状態、何列もの教職員の座席が会場を横断し、中央を長い通路が上から下に向かって走っている。学校とは、少女たちの生活において公的世界の小宇宙であり、ハンナ・アーレントはそこに民主主義の試金石としての公共空間を見てとり、出生と複数性という、つねにあたらしく、つねに異なる人間の条件がそこで花開きうると考えていた。

学校は全員が守るべき倫理規程《オナー・コード》によって管理されている。インタビュー調査を隠れて行うことで、少女たちは、その倫理規程が関係性のジレンマをもたらすものだという、もうひとつの視点を語りはじめた。規則を守りながら、しかも、ほかの少女たちと関係を持ち続けるにはどうすればよいのか。彼女たちは道徳的な非難にさらされることなく、関係性のいざこざを学校という公的な場に持ち出す方法がわからなかった。そのため、多くの少女が尊重も信用もしていないその倫理規程に賛同を示した。しかし、少女たちは信頼と治安を維持するという管理統制をみずから引き受け、人間関係の複雑な問題を解決するために、自分たちの心理的な知識を動員し、内輪で問題を片づけることもあった。円滑に切り盛りされた所帯のように、この少女たちの学校はなんの苦労もないかのごとく維持されていた。じっさいは、それを管理していたのは少女たちの地下社会だった。

わたしは教師たちを前にした報告で、以下の問題に焦点を当てることを決めた。なぜ少女たちは自分で信じてもいない倫理規程に賛同しているのか？　なぜ彼女たちは学校のための活動に公的な仕組みを使おうとしないのか？

図書館に立ったとき、わたしは眼前に居並ぶ教師たちや理事たちからなる、この恭しい空気の仲間入りをする。そこではすべてが本棚の本のように整列している。深呼吸をし、話をはじめる。調査内容を説明し、最初のインタビューで聞いた、倫理規程や少女たちの選択が引き起こす道徳的葛藤について語る。教師たちはじっと耳を傾けてくれているが、その表情を読み取ることはできない。そこでわたしは話を先に進め、少女たちを民主主義社会の市民に仕立てあげる教育を施そうと思うならば、少女たちにとって大事なのは、公的に反対意見を声に出す方法を学ぶことだと述べる。

前列の右手に座っていたひとりの女性が——小柄な白髪の女性で、顔にエネルギーを集中させると、彼女の思考と感情が音と融合し、声となって会場に放たれた——こう言った。「彼女たちが公の場で反対する方法を学ぶお手伝いが、わたしたちにできるでしょうか。わたしたちだって」——と、ここで彼女は会場を見渡し、同僚の女たちと男たちの表情をさっと読みとってから——「わたしたちだっいうのに？」

て」と、今度は女たちを指しながら、こう続けた。「公に反対意見を口にするのに手を焼いていると

会場が静まりかえる。この調査は表面下で起きている問題をさらけ出す結果になった。個室で記録された少女の声は、学校の公的空間で拡声され、その声に共鳴した女教師たちに、自らの問いなおしをうながしたのだった。関係性について、話し方について、衝突や反対意見、心理学的・政治的な抵抗について、自分たちはいったい何を少女たちに教えてきたというのだろうか？

その後の昼食時間、わたしのまわりに女教師たちが集まる。偏頭痛の話をする者、消化不良の話をする者。そのそれぞれが、わたしが調査で提起した問題についてもっと話し合いたいという。ひとりが、女教師と調査団を集めて合宿《リトリート》なんてどうかしらと提案した。その結果、「少女を教育する女／女を教育する少女たち」による合同合宿が始まった。まずはクリーヴランドのローレルスクールに勤務する（初等部と中等部の）女教師と理事が集まり、そこにボストンの公立学校から中学校の女教師と校長たちが続いた。調査チームのメンバーの主導のもと、合宿の掛け声となるふたつの問いが掲げられた。ひとつが、少女を教育する女として、わたしは次世代に伝える知識に対してどのような立場をとるのか、すなわち、何を少女たちが知るべき重要なことだと考えているのかという問い。そして、もうひとつが、かつての少女であった女のわたしは、つぎの世代の女である少女とどう向き合うのか、という問いだ。

女とは、文化がそこを通過するための、ただの器に過ぎないのか？　アポロンの巫女《みこ》のように男の

神々の知恵を伝達する、規律《ディシプリン》の巫女というわけか？　挑発的な問いではある。しかし、ここで変革の可能性が試されているのは、少女と女との関係の方だ。より具体的にいえば、女に仲間入りしようとしている少女と女との関係だ。

　教育とは革命に代わるもので、社会変革のための非暴力的な手段だ。とはいえ、それは社会規範を永続的に強化するものでもある。アメリカ合衆国の初等・中等教育の大部分が、母、教師、セラピストとして、こどもたちの愛の欲求や知的欲求に直接働きかけ、こどもたちの抵抗を肌で感じてもいる女たちの手に、良きにつけ悪しきにつけ、さまざまな理由で委ねられている。

　すると、こんな問いが湧き上がってくる。もし女が……だったら？　これは抑えようがない問いだ！　どの世代も半分は女なのだから。マドリン・グルメが思い描いたように、もし女たちが教育の実践を「女性化した仕事」から「女の仕事」に変えることができれば、母性秩序の日々のリズムから、父性国家の時計の針が刻む時間への、グルメが言うところの「大脱走《ザ・グレイト・エスケープ》」を行うのとは別の形で、女たちは新たな言葉を見つけ、新たな方法を創造することで、（ウルフのように私的な方法を私的な領域で用いて）あたらしい秩序を作り上げることができるのではないだろうか？

　『女の平和』の第二幕の冒頭で、アクロポリスを去り、夫の待つ家に駆けこむ女たちに、リューシストラテーは落胆の声をあげている。「男が恋しいんでしょう。ところで、男のほうはあたしたちを恋しがっていないと思っているの？（……）さあ皆さん、辛抱して」と、彼女は説得する。「仲間割れさえしなければ、勝利はわがものというご神託があるんだから」〔邦訳六二頁〕。

倫理学者のサラ・ルディク〔Sara Ruddick, 1935–2011〕は、女の内部の、そして女同士の、おそらくもっとも深刻な分断——母と抵抗する娘とのあいだの分断を修復するために、英雄的なものとしてではなく関係性の問題として、抵抗の政治のとらえなおしを行っている。それは身体（そのもろさ《ヴァルネラビリティ》、可能性《プロミス》、力《パワー》）に根をもつ実践であり、「保護愛《プリザーバティヴ・ラヴ》」の実践である。ルディクは、アルゼンチンの母たち《マードレス》[*8]とチリの女たち[*9]に倣って、不死や超人的な強さの観念ではなく、人間の特異性や関係性のかけがえのなさを原理とする抵抗の戦略を打ち出している。もし女たちが母性の実践の内部で、軍国主義《ミリタリズム》を支える要素（その殉死者や英雄への崇拝）を、それをくつがえそうとする要素（忠誠や愛や怒りといったものに対する女たちの不敬な言葉）から切り離すことで、方向転換を図るならば、ルディクによれば、「否定から実直さへ、偏狭主義から連帯へ、不誠実から能動的な責任へと」（*Maternal Thinking*, pp. 227–30）容易に移行することができるという。すなわち、女たちは心理的な抵抗から政治的な抵抗に移行することができるのだ。

　この移行の道のりにおいて重要なのが、怒りを、抑圧、不正、虐待の兆候を示すものとして、すなわち（水面から突き出た背びれか黒い影のように）周囲の関係性の異変を知らせるシグナルとして、その本来の状態に回復する試みだ。アルゼンチン生まれのアメリカ人の精神分析家テレサ・ベルナルデスは、女性と怒りについてふたつの文化的視点から記述しながら、読者につぎの注意を喚起している。彼女によれば、怒りを抱くことに対して女性の内部で働く文化的な禁止は、「反抗的な行動を阻害する」心理的な抑圧に転化し、その結果、女たちは自分の不幸に自分が加担しているかのような気持ちを抱くことになるという。だからこそ、抵抗には、苦しみや憎しみに変質してしまった怒りをもう一度、純粋な怒りに戻すという、ある種の錬金術がともなわなければならない——怒りとは「自分たちが被っている不正や、ずっと続いている損失と不満に気づくことで起こる意識的反応なのであり、自己愛と、みずから選択する責任の自覚がそこにはともなう」("Women and Anger", p.5) ものなのだ。それは関係性の明るい日差しのなかを生きる一一歳のサラが感じた怒りであっても、愛情の中をぬくぬくと育ったテッシーが感じた怒りであっても同様だ。ベルナルデスによれば、圧政や恐怖政治の状況下を生きる人びとは、しばしば自分たちが知っていることを知らなくなり、「忘れてしまったということを忘れてしまう」ようになる。しかも彼女は、沈黙させられた怒りが「鬱《うつ》を発症させる一因ともなっている」とも指摘している。そして、女の場合、思春期からうつ病がはじまる傾向がある。

女たちは少女時代を忘れてしまってはいないだろうか。思春期におけるいろいろな切断《ディスコネクションズ》——彼女たちが被ってきた喪失や傷の数々——を覚えていないのではないだろうか。だからこそ、思春期の少女と女たちとの関係は、抵抗の心理学と抵抗の政治の鍵を握ることになるのだ。

アンジリが「じれったい恋人へ」[*10]について書いた作文を英語教師のフランクリン先生に提出したと

*8 軍事独裁政権下のアルゼンチンでこどもを奪われた母たちを中心に一九七七年に結成された人権活動団体「五月広場の母たち」(マードレス・デ・プラザ・デ・マヨ) のこと。
*9 ピノチェト政権下のチリで民主化を求めて団結した女たちのこと。
*10 英国の詩人アンドルー・マーヴェル (Andrew Marvell, 1621-1678) の恋愛詩で、著者没後の『詩集』(一六八一年) に収録された。

き、ナンシー・フランクリンは、これまで聞いたことがない方法で、アンジリがこの詩を読みとっているのがわかった。それは、大学院の課程で学んだ解釈とはまったく異なる方法だった。アンジリが受講したのは、クリーヴランド郡のいくつかの学校で同時に開講されている英語の上級クラスで、詩の調べ《トーン》の分析がその課題だった。ナンシー・フランクリンは「少女を教育する女/女を教育する少女」の合宿に参加した女のひとりだった。すなわち、「少女に教育する女になるとはどういうことか?」を自問する女たちのひとりだった。わたしたちが合宿の企画を開始して三年目の会合のなかで、彼女はアンジリの抵抗に参加する決意について語っている。

ある晩遅く、自宅で、アンドルー・マーヴェルの詩の調べ《トーン》に耳を澄ましていたアンジリは、自分が聴き取ったことを一人称で書き留めてみようと思いたった。それはひとりの若い女の抵抗を抑え込もうとする中年男の声だった(「もしわたしたちに世界が十分にあるならば、そして時間が十分にあるならば/あなたのお預けも罪にはならないでしょう」)。アンジリの作文を読んだことで、ナンシー・フランクリンは、マーヴェルの詩の力に新たに揺さぶられることになった。合宿の仲間に向けて、彼女はアンジリの声を再現している。

わたしがこの作文を書いているのは夜の遅い時間なのですが、わたしがとても怯えているのは、この詩があまりに恐ろしいからです(おまえの美貌ももはや消えてしまっているだろう/おまえの大理石の地下納骨所には/わたしの歌が響くこともないだろう。やがて、うじむしどもが/長く保護されてきた処女性にかじりつくだろう／そして、おまえの古くさい貞潔は塵となり／わたしのすべての欲情も灰となるだろう）。
なんて気味の悪い詩なのかしら。

アンジリの作文は、評価基準にむらが生じないように設けられた複数採点式の課題を担当する六人の教師に提出された。フランクリンは、ひとりの女がその作文について書いたことを思い出している。「彼女はカルペ・ディエム[*11]をわかっていない。この言葉を知らないなんて。大学レベルの作文ではないことは確かかね」。別の女は「彼女はマーヴェルの遊び心をつかみ損ねている」と書いている。ナンシー・フランクリンも同僚たちの評価に一瞬だけ動かされはしたものの、アンジリとの結びつきを切断し、その読解を却下した彼女たちに抗うようにして、こう述べている。「この作文は美しいし、これまでとは違う詩の読みをうながしてくれる」。そうやってアンジリとの結びつきを保ったまま、アンジリのためにも、自分自身のためにも、また教育システムのためにも、その作文の含意をつぎのように引き出している。

彼女は若い女の子です。一七歳の、とても純粋だけれど、とても聡明な女の子です。この詩を読んだあと、なぜだかわかりませんが、家に帰ってからもう一度、深夜の二時にこの詩を読んでいます。そしてぞっとするわけです――若い娘に話しかけるおじさんの声に、です。挙句の果てに、

＊11　「その日の花を摘め」とも訳されるラテン語の詩句で、ホラティウスの『カルミナ（歌章）』に由来する。

自分の作文についたコメントというのが、どれもこれもC、つまり不可というもの。「押韻構成ってものをわかっていないだの、遊び心をつかみ損ねているだの、カルペ・ディエム、カルペ・ディエムだの」。これが現在機能している教育システムの中身です。それがあの子に何を伝えるというのでしょう？　地下にもぐって生き延びろ、せめてこのシステムの外に出るまでは日陰にいなさい、といったところが関の山です。

採点者のコメントを読んだアンジリは、そのことで先生に相談し、カルペ・ディエムについて学んだことを頭に叩き込み、もう一度この詩を読むのだが、フランクリンによれば、「彼女は言われた通りの方法で詩を理解することができましたが、もっと重要なのは両方の方法で詩を読むことができたこと」だという。「いまやアンジリは期待されている反応の仕方をわきまえているので、作文を書き直すことができ」ることを知っていて、「期待された物言いでこんな風に語りさえします……「もし男子だったら」と笑いながら彼女は言います。「おもしろいじゃんってなるのかも」と」。しかしアンジリはこの詩の陰気なイメージに怯えている。「女子がたくさんいる教室がこんなのに本気で笑うことができるとは思えない」。アンジリの目から見て、不可解で、なんだか当てにならない感じなのが、女の採点者という立場だ。アンジリはほかの少女たちには理解してもらえると思っているが、女たちには期待していない。

思春期におとずれる政治的抵抗と心理的抵抗との交差点で、少女の心理的な成長はあと戻りができないほどに政治的になる。もし少女たちが自分の知っていることを知り、自分の仕事に率直な声を差しはさむようになれば、権力のある立場の人びととの闘争に身を置くことになるだろう。もし彼女たちが知っていることを知らないことにし、正直な反応を封じ込めてしまったなら、自分とのトラブルを抱えこむことになるだろう。両方の立場からものを言い、両方の方法でものを見る少女たちの能力は、相対主義やポストモダンの感性の表れではない――というか、それだけではない。それは関係性に対する少女たちの文化的な理解が高まった証しであり、関係性をめぐる困難に直面したときの暫定的な解決方法でもある。すなわち、自分自身とも他者ともつながりを保ち、自分自身とも周囲の世界とも接触を持ち続けるための方法だ。

一一歳のテッシーが両方の言い分を聞くためにも、母と口論することとの重要性を強調したように、アンジリも自分の反応と期待されている反応とのあいだのズレについて、自分の発言と、自分を矯正し評価する権威が期待している発言とのあいだのズレについて口にしている。そしてテッシーが、母の声を自分とは違う風に聞く友人に、少なくとも理屈の上では寛容であることは、アンジリが自分とは違う風に詩を聞きとる（そうやって遊んでいるのだと彼女が考える）男の子たちや採点者に寛容であることと響き合っている。こうして、少女を教育する女は、複雑な関係性のジレンマに直面することになる。

少女たちは自分が参入しようとしている世界を形づくっている伝統を学ばねばならないが、独創的で創造的であろうとするならば、自己流の見方と聞き方も手放さないでおかなければならない。どうすれば女たちは少女たちと手を携えながら、文化的な伝統を教育することができるのか？　どうすれば少女たちが女たちと共にありながら、同時に自分であり続けることができるのか？　二一世紀の今でも男が支配的であり続けているこの世界で生きていくのに、女は何を少女に教えることができるのだろうか？

「この年齢に達すると少女たちに何が起きるのか？」とシャロン・ミラー[*12]は、周囲の女たちに尋ねている。彼女は少女の成長の謎について問いかけている。同じ年頃の少年よりも賢く、生き生きとしていて、世界と向き合い、より強い人間関係を築いているように見えた少女たちが、思春期になった途端に、しばしばそれほど知的でも活発でもなくなってしまうのはなぜなのか？　自分が通う学校でインタビューを受けた少女たちは、女性が書いた小説や詩に登場する少女と同様に、思春期になれば関係性と距離を置き、「小さな防壁をつくり」、「誰かに怒ることがあってもそれを口に出すのをためらい」、「自信を喪失する」ようになると語っている。関係性から本音をとり除くことで、彼女たちはありのままであることを自分からあきらめているのだ。

この年頃の少女に何が起きているのか？「わたしが思うには」と、シャロン・ミラーは言う。「彼女たちは自分らしくあることを放棄してしまっている。ありのままのわたしが気にいらないのなら、それでけっこうです！と、言い切ってしまえる女子中学生はめったにいません。ほとんどの少女がそう言えないのは、現にそう言える人がまわりにいないからです」。なぜいないのか、とわたしは彼女に問う。毅然とした態度で自分の考えを伝える一一歳の少女がわたしの頭に思い浮かぶ。「それこそが問題なの」とミラーは答える。「この年頃の少女に何が起こるかご存知でしょう？　だって、少女が自分を大人の女性と同じだと思いはじめるのが、この年頃なんです」。

するとだしぬけにミラーは、彼女をとり巻く人の輪が近づいてくるのを見ながら、片手を口元に当て、「ああ」と涙を流してこう言うのだった。「でも、そこには、同じだと思えるようなものなんて何もないんです」。

少女たちを教育する女たちは、逆再生された映画のように、自分たちの抵抗の瞬間に立ち戻り、少女たちと同じ人間関係の問題を、自分たちがどのように解決したのかを、もう一度見ることになる。こうして、すでに知っていることを知りたがらず、自分の身体のなかにある知識に気づこうともしなかった過去を思い出すだろう。女たちは、少女たちの完璧なお手本になろうとして、完璧さを装う誘惑に屈し、自分の不完全さを隠すためでもあれば、おそらくは自分の悲しみや怒りから少女たちを守るためにも、少女たちとの関係性から自分を締め出していることに気づくだろう。しかし、少女を教育する女たちは、身体の中に息づき、声を発したいとせがみ、人との関わりと知識を激しく求め、そ

＊12　シャロン・ミラーは、一二歳のこどもたちを受け持つ教師であり、一二歳の娘を持つ母親である（以下参照）。Gilligan, Carol. "Joining the Resistance : Psychology, Politics, Girls and Women." In L. Goldstein (ed.), *The Female Body : Figures, Styles, Speculations*. Ann Arbor : University of Michigan Press, 1991, 41.

しておそらくは思春期に地下に潜伏するか打ちのめされてしまった、そんなひとりの少女を、自分の内部に隠し持っていることも発見するだろう。

少女たちはこの隠れた女を見つけ出していた。少女たちは女たちのなかに彼女を探し、その不在を、あるいはその沈黙した存在を感じ取っている。女たちはよき女であるために、少女たちのために拒絶の見本を示そうとし、少女が疑問に感じている喪失や断念の必要性を教え込んだりしてきたのかもしれないが、少女たちの方は女たちに沈黙を疑うよう教示している。こうして少女たちを通じて女たちはみずからの率直な声と勇気を発見するか、あるいはまた、それらをより強くすることができるのだ。

現在、女の発達段階における長年の行き詰まりを打破し、男にも同様に影響を与える、新たな展開が到来しつつあることを示す証拠がある。少女が思春期になろうとするとき、女と少女が互いに協力すれば、少女の無邪気さと破天荒さは、女たちの抵抗の源泉を掘り起こすことになるだろう。女たちは女たちで、少女たちの身体性、歯に衣着せぬ物言い、勇気とを受けとめ、関係性と知識に対する欲望を少女たちと共有すれば、ひとりぼっちにならずとも語りたいことを語り、自分たちが知っていることを口にすることができるのだと、少女たちに教えることができるだろう。

最終楽章《コーダ》

「親愛なるキティへ」と、一九四四年一月六日、一四歳のアンネ・フランクは、父親が編集した日記の一節のなかで書いている。

今日、あなたにふたつのことを告白しなくちゃなりません（……）誰かに話さなくちゃならないとしたら、あなたに勝る相手はいないでしょう。たとえ何があろうと、あなたはぜったいに秘密を守ってくれるはずですから（……）お母さんにはずいぶん不満を持ってますが、なんとかもとのように仲よくしようと努めてること、これはご存じですよね。ところでいま、とつぜんはっきりしてきたのは、お母さんには何が欠けてるかってことなんです。じつはお母さん自身の口から、わたしたち姉妹を娘としてよりも、友だちとして見ていると聞かされたんです。これはこれでもちろん結構なことですけど、友だちはやっぱり母親の代わりにはなれません。わたしとしてはお母さんに、見習うべきお手本になってほしい。尊敬できる母親であってほしい。ところがうちのお母さんは、多くの点でお手本ではあっても、それはまさしくわたしがけっして見習いたいとは思わない、そういう意味でのお手本なんです。こういった問題について、マルゴー［アンネの姉］とわたしは見かたが違いますし、たぶん彼女には、いま言ったようなことは決してわかってもらえないでしょう。そしてお父さんは、お母さんのことを論じあうのをいっさい避けています（傍点で強調した箇所はアンネの父によって削除された）。（p. 440, 邦訳二七六頁）

「ひとつの結論」と、エマはその日記のあたらしいページに添書きしている。

わたしが到達した結論のひとつは、わたしが目にしてきた、女を描いた絵画／彫刻／芸術作品の多く／そのほとんどが裸の女だったということ。わたしが目にした、女を描いた芸術の多くが男によるものだったこと。たぶんそれは女がポーズをとったせいだと思う。わたしが目にした少女たちは、誰も裸じゃなかった。たぶんそれは、裸でポーズをとらせようとした芸術家が、女の方が成長しているので、少女より絵に向いていると考えたからだと思う。

「ひとつ疑問なのは」と、マルカはバビロンの女王との二度目の会話を締めくくっている。「絵になったり、彫刻になったりした、これらの人も場所も、生きていたのかしら？ それとも、画家や彫刻家の心のなかで生きていたのかしら？」

「どっさりあったと思うな」と、教会とガリレオに関する作文を書き終えたばかりのアンナは不敬な発言をする。「四〇日後のノアの箱舟には動物の排泄物がどっさりあったんじゃないかな？」

「わたしがやろうとしているのは」とロージーは言う。「いろんなものに価値をつけようとしているんです。これは重要だ。これは大したことはないってな具合に。もっと秩序をつけたいのだと思う」。彼女がどんな主音に合わせて調律しようとしているのか、彼女の心の標準はどこにあるのか気になったわたしは、「どんな秩序をつけているの？」と尋ねてみた。すると、あるときは聖者を体現したような存在、またあるときは地下の女でもあるロージーは、突如として哲学者に変身してみせた。「さあね……でもわかるような気がするのは、ものには何らかの秩序があるべきってこと。その秩序が何なのか自分の結論を出したいのだと思う。でも結局のところ、わたしが探しているのは……自分の人生の秩序なんだと思う。ここから先は深くて、哲学的な話になりそう」。

少女たちの質問に耳を傾け、その関係性への探求を追いかけていくと、徐々にそれは哲学的になり、批判的になり、心理学的にも政治的にも危険なものになっていく。エマは、女の身体に対する男の気持ちに好奇心を寄せていく。マルカは男のこころを文化的な象徴と結びつけるいくつもの道筋を辿ろうとしている。この探求が続くならば、少女たちは個人的なものと政治的なものをつなぐ線を見つけることになるだろう。その線は、男たちの心理学から、彼女たちが生きている世界の文化的な枠組みにまで伸びている。そして、少女たちはどうすればそれに自分を適合できるのか頭をひねることになる。

「さあね……《アイ・ドン・ノウ》」とロージーは言う。と、その直後に「わかる《アイ・ノウ》ような気がする」と続ける。彼女は母の生き方、母の時間の過ごし方を観察しながら、マルカがバビロンの女王に投げかけたあの「なにやってるの《ワッチャドゥーイン》？」と本質的に同じ問いを投げかけている。ロージーには多忙な医師の母が何を言うのかも、あの女王の陽気な返答が、母の頭にひらめくはずがないということもわかっている——「髪のお手入れ中なの。今朝は反乱の報せに邪魔されちゃって」。これは、女の人生と知覚の二重化を見事にとらえた返答であり、大人の女が何を喜びとし、何に価値をおいているのかという少女たちの疑問にダイレクトに応えている。

　洞察力の鋭い思春期のロージーは、母の「小さな書斎と寝室がちらかっている」ことを知っている。ロージーは彼女自身の人生の秩序をつくり上げ、何とかして自分の人生を組み立てる方法を見つけなければならない。「どうだろう《アイ・ドン・ノウ》……そうね《アイ・ノウ》……そうでしょ《ユウ・ノウ》……そうじゃない？《ドゥ・ユウ・ノウ》……」。抑圧の徴の下で語られ、まだ弱々しい解離と脆弱な知識を示している、それら地下の声は、秘密の地下の抵抗が、公的な抵抗に転じる望みとなる関係性をつかみ取ろうとしている。そうすれば、健康的な抵抗は、内向きになり腐っていくことなく、外に開かれた関係性にとどまることができる。そして、政治的であり続けることによって、それは人生の新たな秩序を世界にもたらすよう働きかけるのだ。

第5章 不正義への抵抗
——フェミニストのケアの倫理

第1節 ケアという人間の倫理——少年たちの秘密

精神を攻撃の対象とする全体主義の社会であっても、うそを見破り、権力に向かって真実を語る人びとがつねに存在する。わたしたちは、そういう人びとを英雄視しているし、実際に英雄的だ。しかし、ナチスの支配下で大きな危険を冒した女たち——ドアをノックするユダヤ人がいれば、「どうぞ」と迎え入れたという、ル・シャンボン＝シュル＝リニョン村に住む牧師の妻マグダ・トロクメや、占領下のワルシャワで、市のど真ん中にある動物園のなかにユダヤ人を匿ったという、動物園長の妻アントニーナ・ジャビンスカなど——に、どうすればそんなことができるのかと尋ねたとすると、返ってくる答えは、人間だからだというものだ。彼女たちは、人であれば誰だってそうしたはずのことをしたというのだ。

例外であることを拒む彼女たちの姿勢に、わたしは心惹かれる。どうしたらそんなことができるのかと尋ねられると、人間だからだ、それ以上でも以下でもないと彼女らは答える。その言葉を文字どおりに受け取ってみたらどうだろうか。そうすることで、どうすればケアする能力が身につくのか、どうすれば相互理解の能力が発達するのか、どうすれば他者の視点に立つことを学び、自己利益の追求を克服できるのかと問うのではなく、わたしたちはどのようにしてケアする能力を失うのか、何が他者に共感する能力を阻害するのか、そして、なによりも痛ましいことに、どのようにして愛する能力を失うのかと問うように、彼女たちはわたしたちをうながしている。ケアの欠如やケアの失敗についてこそ説明が必要なのだ。

アーサー・コナン・ドイルが「戦争の記憶を汚すさまざまな残虐行為のただなかに生まれた人間的なエピソード」と語った、あの一九一四年のクリスマス休戦にも、わたしは心惹かれる。五二カ月におよんだ戦争の五カ月目のクリスマスイブに、イギリスとドイツの兵士たちは自発的に戦闘を停止したのである。ドイツ軍の塹壕に並べられた小さなツリーに灯るキャンドルの光景と、無人地帯を越えてかすかに響きわたるクリスマスキャロルの音色が、戦争状態を一変させた。二四時間のあいだ、兵士たちはささやかな贈り物を交換しあった。ボタン好きのイギリス人は、ドイツ人が自分のコートからふたつのボタンを引きちぎってプレゼントしてくれたことを家に書き送った。両陣営は死体を回収し、サッカーボールを蹴りあった。無人地帯《ノーマン・ズ・ランド》は、みんなの場所《エヴリマン・ズ・ランド》になったのだ。ＢＢＣは、これは作り話ではなく、「実際に起こったこと」なのだと強調している。[*1]

これと同じように、赤ちゃんが教室にやってくると、いじめはなくなるか、少なくとも大幅に減少した。カナダの教育学者であるメリー・ゴードンは、このアイデアをもとに、トロントで「共感の《ルーツ・オブ・》根《エンパシー》」というプログラムをはじめた。学期中に毎月、事前訪問、赤ちゃん訪問、事後訪問と呼ばれる計三回、各四〇分間の訪問の予定が組まれ、訓練を受けたインストラクターが指導する。幼稚園から七年生までのクラスに、母親が（学期のはじまりの時点で月齢が二―四カ月の）赤ちゃんとやってくる。デイヴィッド・ボーンステイン〔David Bornstein（1974–）。カナダのジャーナリストかつ作家〕は、つぎのように報告している。

赤ちゃん訪問のあいだ、こどもたちは（あたらしい生命と自然を象徴する）緑色のブランケットのうえに赤ちゃんと母親（ときに父親）を取り囲むようにすわって、赤ちゃんの気持ちを理解しようとする。インストラクターは、赤ちゃんの気持ちにラベルをつけることで、こどもたちを手助けする。ゴードンは、「これは、こどもたちが自分の気持ちと他者の気持ちを理解するための出発点だ」と説明する。「赤ちゃん訪問のあとも、クラスのなかでこの効果は続くのだ」。

これらのセッションを観察していたボーンスタインは、「赤ちゃんが、こどもたちの態度を実際に変えていく様子」に目を奪われた。「教師たちがわたしの推測を証明してくれた。気難しい子がほほえむようになり、注意力散漫な子が集中するようになり、内気な子がこころを開くようになったのだ。七年生のクラスでは、一二歳のこどもが恥ずかしがらずに童謡を歌ってあげているのを目にした」。

＊1　BBCは一九八一年に一九一四年のクリスマス休戦に立ち会った退役軍人たちのインタビューからなるドキュメンタリー映像『無人地帯の平和』（Peace in No Man's Land）を、そして二〇〇四年にはその焼き直し版『世界を揺るがせた日――クリスマスの真実』（Days That Shook the Worlds–Christmas Truce）を制作している。

赤ちゃんは「心を和らげる磁石のように」、硬直しているかのように見える人間の特性を引き寄せるのだ。

ボーンステインが報告しているように、「共感の根《ルーツ・オブ・エンパシー》」のプログラムは、発達心理学者でブリティッシュ・コロンビア大学教授のキンバリー・ショナート＝ライクルによる四本の論文で評価された。こどもたちはより共感し、理解し合い、攻撃的でなくなり、お互いにやさしくなったのかどうかを尋ねられたショナート＝ライクル教授は、「はい、確実に」と答えた。結果はめざましいものだった。マニトバ州の三百クラスを対象に、より大規模なプログラムを実施したところ、けんかをするこどもの割合が一五パーセントから八パーセントへ、ほぼ半減したのだ。驚くべきことは、その効果が持続していることだった。「プログラムが終わってから三年後にも、その成果は保たれているどころか、向上していることもある」。

この低コストで簡素な介入の成功を、どのように説明すればよいのだろう。ゴードンは、「感情と認識の発生が同時に起きるとき、深い学びとなる。それこそが、長続きする学びなのだ」と述べる。おそらく重要なのは、どのクラスでも、赤ちゃんのために何かケアするようこどもたちに求めたこと、歌を歌うとか、優しい声で話すとか、「願い事の木」（願い事や希望を吊り下げるオブジェ）をつくるとか、感情的な結びつきを生むような行動を求めたことだ。「共感を教えることはできません」と、ゴードンは言う。「しかし、感じ取ることならできます」。彼女がいちばん驚いたことは、こどもたちだけではなく、教員たちのなかにも共感の力が高まっていったことだった。

「食うか食われるか」の世界では、これらの実例は神話的あるいは例外的なもの（ありえない出来事）のように見えるかもしれないけれど、それらには共通のテーマがあるように思われる。恐怖、戦争、いじめの裏には、人間の顔が存在している。そして、抑え込まれてはいるが、人間の声も存在しているということだ。二〇一〇年、北京で開催されたアジア初の国際精神分析学会で、中国の分析家たちはそれぞれの経験を報告した。一九世紀のウィーンで起きたのと同じように、押し殺されてきた声を自由連想が解放したのだ。『ニューヨーク・タイムズ』に掲載されたディディ・タットロウの記事は、一九四九年の革命後、数十年にわたって、共産党が精神分析を禁止し、ブルジョワの迷信として退けた（精神の健康には、スポーツと革命への情熱が推奨された）ことを思い出させている。禁止が解かれてやっと二〇年になろうとしている精神分析は、「かつて数千万人もの命を奪った暴力的な政治キャンペーンと、今日まで続く表現の自由に対する厳しい統制が、深刻なトラウマの遺産となっている」ことを明らかにした。

こうして、物語は一貫したものになる。わたしたちの脳は可塑的で、わたしたちには適応力があるが、人間であるかぎり、わたしたちには声を発し抵抗する能力があるということだ。そこでわたしは、発達に関する語りに戻り、重要な位置を占める最終章〔本章〕を書き加えよう。ここでは、「少年期の友情と人間関係の危機」に関するニオベ・ウェイの研究に触れたい。ウェイは発達心理学者で、二〇年以上にわたって少年の友情について研究してきた。彼女は『ディープ・シークレット』というタイトルの著書を、都市の公立学校に通う一五歳のジャスティンの声とともに書きはじめている。本当の友情についての質問に応答するなかで、ジャスティンはつぎのように述べている。

〔親友とぼくは〕お互いのことが大好きです。……親友とはそういうものです。……それは深く、とても深く、自分のなかにあって、説明できないものなんです。それはただ、この人はこの人なんだっていうのがわかるということです。……ぼくらの友情で重要なのはそれだけです。……人生には、ふたりの人間が本当の本当にお互いを理解し、本当に信頼し、尊敬し、愛し合えることがあると思います。ある日突然そうなっているものであって、人間ってそういうものでしょ。（p.1）

抵抗する女たちの声に共鳴しながら、ジャスティンは、人間の本性について、「本当の本当にお互いを理解し、本当に信頼し、尊敬し、愛し合える」能力について語っている。ジャスティンが言うように、それは「深く、とても深く、自分のなかにあって、説明できない」けれど、それはわたしたちが知っている何かなのである。「ある日突然そうなっている」何かなのだ。

しかし、その二年後、〔四年制〕高校の最終学年になったジャスティンは、ほかにも「ある日突然そうなっている」ことがあると語っている。高校一年生と比べて、友人関係がどのように変わったのか問われたジャスティンは、つぎのように述べている。

わかりません、たぶん、それほど変わってはいないけれど、親友というのは、仲のよい友人になるものなんだと思います。基本的に変わったのはその点だけです。親友が仲のよい友人になり、仲のよい友人がふつうの友人になり、ふつうの友人が知り合いになるという感じです。だから、彼らはただ……互いに距離ができてしまうと、それが自然なことかどうか、わからなくなるんです。説明するとそんな感じなんだけど、それはある日突然そうなっているんです。(p. 19)

ジャスティンは、この距離が「自然な」ものかどうかわからなかったが、高校時代の終わりには、ウェイの研究に登場する大多数の少年たちと同様に、「親密な男の友情を築いたり欲したりしていたけれど、だんだんとそういう関係性や男友だちに寄せる信頼を失っていったと述べ」ている(p. 12)。別の少年、ジョセフが言うように、「最近は、誰も信頼できなくなっています」。仲のよい友人や親友はいるのかと尋ねられたとき、高校三年生のギレルモは、「いないかな。自分ではそう思います。前はいたけれど、いまはいません」と話している。高校一年生と二年生のときに、親友に秘密をすべて打ち明けていると話していたムハンマドは、三年生になってインタビューを受けたときには、「さあ《アイ・ドン・ノウ》。最近……その《ユー・ノウ》、何かが少し変わったんです。すごく変わったわけではないけど、えっと《ユー・ノウ》、もうその必要はないと感じていて――〔自分の気持ち《フィーリング》を〕自分のなかにしまっておけるんです。ほら《ユー・ノウ》、もう十分に大人だしね」。

ウェイが明らかにしているように、少年たちは本当の友情の価値を知っている。少年たちはそのことをウェイとインタビュアーたちに直接伝えている。高校三年生のジョージは、親友、すなわち、秘密をうちあけられる相手がいないと「どうかしてしまう」と言う。一五歳のチェンは、仲のよい友人がいなければ「気が狂ってしまう」と言う。相談に乗ってくれる親友がいないと、怒りをためこんでしまうという少年もいる。悲しみ、孤独、抑うつについて語る少年たちもいる。親友のどんなところが好きかと尋ねられた高校二年生のフィリックスは、「何があってもそばにいてくれるところ」だと述べる。しかし、少年たちは、親友の喪失について話し、その感情的な代償（どうかしてしまったり、怒ったり悲しんだりすること）を挙げておきながら、なおもその喪失を気にせず、その結果を軽くみる傾向にある。少年たちは、ジャスティンのように、親友の喪失が「自然なことか何か」まったくわからない。少年たちが知っているのは、「ある日突然そうなっていた」ということなのだ。

ウェイの調査結果は、ジュディ・チューとわたしが観察した幼い少年たちの特性、たとえば、マイケルが四歳の息子に見いだして感激した「友情の喜び」を思い起こさせるものだ。ウェイが調査した高校二年生のケビンが、親しい友人の好きなところは「エネルギー、エネルギーです。みんなお互いをすごく愛しているんだ」と語るとき、四、五歳の少年の父親たちが、少年たちの「活力《スパンク》」や「本当の喜び」を守りたがっていたことが思い出される。

四、五歳のこどもたちが、プレ幼稚園から幼稚園に入り、やがて小学一年生になるまでを追跡したチューは、こどもたちがお互いやチューに対する関係性において次第に無頓着になり、口数が減り、言葉を濁したり、ごまかしたりするようになったことに気づいた。こどもたちは「少年」になっていったのだ。『もうひとつの声で』のなかで紹介した一一歳の少年、ジェイクの場合は、逆の現象が見られた。道徳的なジレンマを「人間を対象にした数学の問題のようなもの」と述べるジェイクは、一一歳にして「真の少年」のようだ。ジェイクは、ハインツのジレンマを純粋な論理にもとづいて解決する。ハインツは瀕死の妻を救うために薬を盗むべきだ、なぜなら薬屋は「癌にかかったお金持ちからもっとお金を取れるが、ハインツは失った妻を取り戻すことができない」からだ、とジェイクは述べる。心理学的な思考の方が垣間見られるように思われるが、ジェイクはあくまでロジックを貫いているのであり、「人はみんな違うから、ハインツの妻は二度と取り戻せないのだ」と説明している。ところが、一五歳になったジェイクに「ハインツは薬を盗むべきか」と尋ねると、「死にゆく妻を前にして、それに対処しなければならないとき、男が何を感じるのかを問うべきだ」と、彼自身の問いを投げ返してきた。数学の問題は、人間の物語になったのだ。

「少年たちの友情という隠された領域」に足を踏み入れることで、ウェイは少年たちの愛と共感の能力、相互理解とケアの能力の深さを発見する。だぶだぶのジーンズの少年も、白いシャツを着ている少年も、刈り上げの少年も、ドレッドヘアの少年も、文化と階級を越えて、繰り返し親友への愛を語る。しかし、高校を卒業するころには、同じ少年たちが、男らしさと自立を結びつけ、感情的なストイシズムを示し、「ホモじゃない」と言うことで、ほかの少年たちとの親密さを語るのを避けるようになることを、ウェイは見つけ出す。

少年たちも内心では真実を隠していることを知っている。少年たちは周囲の文化を読み取り、自分たちのふるまいを確認すると同時に、自分たちを取り巻く力に抵抗しながら、その力の強さ、すなわち、いくじなしとか女々しいとか言われたり、ゲイとして標的にされたり、女みたいにふるまっていると見なされたりする苦悩を明らかにしている。ウェイは、男同士の本当の友情が消えたことに対する一般的な説明の背後に目を向けるよう、わたしたちに問いかけている。少年たちは、友人と過ごすような「時間はない」と言うようになり、さらに、思春期の終わりには、「男友だちをつくるよりも、彼女をつくること（つまり、セックス）にずっと興味がある」と言うようになるだろう。ウェイは、少年たちのうわべしかとらえていない説明を、「文化についての薄い説明」と呼ぶ。それはステレオタイプやクリシェを繰り返し、たとえば、なぜ少年たちは友だちと過ごす時間がないのか、なぜいま「少年の危機」というものがあるのかを問うのではなく、起こったことを事実として受け入れてしまうのだ。

「文化についての厚い《シック》説明」は、このような問いに取り組むものだ。それは、（ステレオタイプやクリシェなどをとおして明らかにされるような）文化そのものを問う。それは文化を見えないものにしてしまうがゆえに薄い解釈を拒絶する。ウェイの説明によれば、「厚い説明」は、「女性やゲイの権利に対する強烈なバックラッシュに現れているように、社会的に進歩すればするだけ、慣習やそれに関連するジェンダーのコルセットが締めつけられていくさまに注意を喚起する」ことで、「問題の核心《シック》にわたしたちを［導く］」。それは、「社会的な絆や共感が失われ、その結果、少年たちが互いの関係を維持することがまちがいなく難しくなっているという、より広い社会学的パターン」を追跡しようと試みている。しかし、ウェイの分析によれば、その主な原因は、「少年たちが友情について語るのを聞く」ことを妨げ、「ゲイであることと女の子みたいであることを感情の脆《ヴァルネラビリティ》さと結びつけることと文化的に同一視」(p. 26) するジェンダー的な一連の思い込みにあるという。この同一視を受け入れる人びとの目には、少年の「深いところに眠る秘密《ディープ・シークレット》」を解き明かす研究者たちは、同性愛を推進し、少年を女性化しているように見えるだろう。

ジョージは高校三年生のときのインタビューで、「太陽を手で覆い隠そうとしている」人たち、すなわち、「明白な真実を隠し続けようとしている」人たちがいると述べている。ウェイがわたしたちに見せたがっている明白な真実とは、少年たちは人間だということだ。ウェイが提起するのは、そのことを隠すことが、なぜ少年たちに「自然なことか何か」だと思われるようになったのかという問いだ。

ウェイの研究を、少女たちの研究や、四、五歳の少年たちの研究と並べてみると、こどもたちが少年の一員になるか男になるためには、あるいは(ほかの少女ではなく)一緒にいたい少女たちの仲間になるか善き女になるためには、自分自身と人間性を解離させねばならないことに気づくとき、こどもたちの人間の能力は試練にさらされ、ストレスを感じるということが明らかになる。

これらの少年と少女の発達に関する研究を総合すると、思春期がチャンスの時期であることが浮き彫りになる。少女たちは正直な声の喪失に抵抗し、少年たちは、親密な友人関係への欲望を取り戻している。そのため、成人期にさしかかった時期は、気配りすることの意味を説明したり、話の聴き方を教えたり、異なる応答方法とその影響を模索したりすることを通じて、ケアの能力を鍛えるのにもっとも適した時期となる。それは、エロティックな欲望がより強くなり、自分の身体の声に耳を傾けるようになる時期であり、深化した主観性が感情的な親密性の能力を高める時期でもある。そして、まさにこの時期に、誰が、どのように、どれだけ愛されるべきかを規定する「愛の法」が施行されるのは、おそらく偶然ではない。

デイヴィッド・リチャーズとわたしが、不正義に抵抗する声の解放と、「愛の法」に抵抗する声の解放とが重なることに気づき、歴史上、倫理的に抵抗する声への抑圧が、「愛の法」の締めつけと結びつくことがいかに多いかに気づいたとき、一連の観察のつじつまが合った。倫理的な抵抗と憲法の前進の時代である一九六〇年代[*2]が、どうして「セックス、ドラッグ、ロックンロール」の時代との汚名をきせられたのか、その理由を理解した。まるでそれがすべてであり、あるいは、まるでセクシュアリティの解放が社会正義への前進を消し去ってしまったかのようだった。しかも、左翼の側でさえも、一〇万人もの死者を出した戦争について嘘をついたブッシュ大統領に対する非難より、自分の性的ふるまいについて嘘をついたクリントン大統領に向けた怒りのほうが感情的に数段激しいという有様だった。アウグストゥス治世のローマが共和制から帝政に移行したときに見られた民主主義と家父長制の対立は、まさにわたしたちの目の前で展開している。抑圧の政治と不平等な経済は、奔放なセクシュアリティ——人間関係から切り離されたセクシュアリティ——と清教徒的なヒステリーという、解離の枠内での二極間の闘争にとりつかれた文化に（押し流されていなければ）反映されている。[*3]

ウェイは、思春期に入ったばかりの少年たちが、家父長制的な男らしさの基準に抵抗していることに気づいた。愛と相互理解を受け入れることで、少年たちはジェンダー二元論をうち破る。しかし、ウェイは、少年たちが男らしさというマントをふたたび身に着けることで、それが階層構造《ヒエラルキー》とともに復活するのを聞き取っている。同様に、チューもわたしも、年少の男の子たちが、自分の優しさや傷つきやすさ、感情の繊細さを隠すために、比喩的な意味でも文字通りの意味でもスーパーヒーローのコスチュームを身に着けるのを観察してきた。「さあね《アイ・ドン・ノウ》」と少女たちが口にするのは、自分の正直な声を隠しているときだ。他方、「どうでもいいよ《アイ・ドン・ケア》」と少年たちが口にするのは、彼らの関係性への願望が彼らの深いところ《ディープ・シークレット》に眠る秘密になるときだ。

そこに謎《ミステリー》はない、韜晦《とうかい》があるだけだ。わたしたちがすでに知っている人間らしさからわたしたちを引き離すために道徳が果たしてきた役割は、わたしたちの文明の悲劇のひとつだ。

＊2　六〇年代の合衆国で高まった公民権運動は、黒人の選挙権の制限を目的とした人頭税その他の諸政策を禁止するアメリカ合衆国憲法修正第二四条の成立をもたらした。

＊3　ギリガンはデイヴィッド・リチャーズとの共著『深まる闇』（二〇〇九年）のなかで、女性の性の抑圧と手を取り合う形で進められたアウグストゥス時代のローマ帝国の拡張政策を、九・一一以降のアメリカ合衆国の帝国主義的な外交政策と重ね合わせる議論を展開している。

第2節　ケアの倫理が目覚めるとき――民主主義を解放するために

ホロコースト以来、知性と教育といった一般的な発達の指標が、残虐行為に対する障壁にはならないことが認識され、道徳的発達に関する理論に疑問がなげかけられるようになった。ある意味で、わたしたちはずっと昔からこのことを知っていた。それにもかかわらず、デイヴィッド・ハルバースタムが、アメリカ合衆国をベトナム戦争へ引きずり込んだ男たちを評したように、「もっとも優秀な《ベスト・アンド・》もっとも聡明な男たち《ブライテスト》」[*4]によって不正義がなされると、わたしたちはいまなお驚かされるのだ。

デイヴィッド・リチャーズとわたしは、ニューヨーク大学法学部で、一〇年以上、不正義への抵抗についてのゼミを担当している。わたしたちが共に教鞭をとることになったのは、立憲民主主義体制における倫理的抵抗の歴史についてのデイヴィッドの仕事と、心理学的発達についてのわたしの研究を結びつけることで、民主的な制度と価値を重んじる社会でなぜ組織的な不正義が続くのか、また、倫理的な抵抗の源泉とは何かという問いに新たな光を投げかけられるのではないかと考えたことがきっかけだった。

これらの問いを探求することでわたしたちは、声と関係性にもとづくケアの倫理を、不正義とみずから沈黙してしまうことの両方に抵抗する倫理だと見なすようになった。それは、民主主義の実践とグローバル社会の実現のためになくてはならない、人間の倫理である。さらに議論を呼ぶところであろうが、ケアの倫理はフェミニストの倫理なのであって、家父長制から民主主義を解放するための歴史的な闘争をみちびく倫理なのだ。

「あなたは自分をフェミニストだと思いますか」。二〇〇九年の春、第二〇回ハーバード・ウィメンズ・リーダーシップ・プロジェクトの集会で、参加者の女性のひとりにわたしは尋ねられたことがある。このプロジェクトは、リーダーシップを発揮する可能性のある女子学部生を奨励し教育するために、一九八〇年代後半にはじめられた。そのため、集会には、大学を卒業したばかりの女性から、二〇年前に卒業した女性まで、幅広い年齢層が参加している。女性たちは教員会館《ファカルティ・クラブ》の地下にある形式ばらない食堂にディスカッションのために集まり、わたしは司会役として呼ばれていた。特別な教育を受けてきた聡明な若い女性たち——ある者はビジネス・カジュアルを身にまとい、ある者はジーンズとセーターといったよりラフな格好をしていた——から、どのような問題関心が聞けるのか楽しみにしている。多くのひとの指には結婚指輪が光っており、なかには妊娠しているのがひと目でわかるひともいる。しかし、優秀《エクセプショナル》な夫がもてはやされ、こどもたちが称賛され、仕事について説明されるという、予想通りの議論の流れになったとき、わたしは自分の注意が散漫になっていることに気づく。

＊4　通常は、優秀な人材を指す用語であるが、ここでは一九六〇年代のケネディおよびジョンソン政権において、安全保障政策を担当し、ベトナム戦争を先導した官僚および大統領補佐官たちのことを指している。ハルバースタムは一九七二年に『ベスト&ブライテスト』（浅野輔訳、朝日新聞社、一九九九年）を出版している。

すると突然、グループがふたつに分断した。一方は働く女性たち、もう一方はこどものいる専業主婦たちだ。この分断には、専業主婦は「働いていない」、「受けた教育を無駄にしている」という非難が付随していた。

独善的な雰囲気が（双方ともに）漂うなかで、わたしは、専業主婦の母親を「働いていない」と表現することに違和感を覚えるのは自分だけなのかという疑問を口にする。そのとき、わたしは、働く女性のひとりから自分をフェミニストだと思うのか尋ねられる。わたしは、そうだと答え、わたしのフェミニズムの定義を知りたいですかと相手に聞き返した。何人もの女性たちがうなずき、時計を気にする者は誰もいない。わたしは、フェミニズムを人間の歴史における偉大な解放運動のひとつだと考えていると答える。それは、民主主義を家父長制から解放するための運動なのだ。

部屋は静まりかえる。外壁の窓から光がさしこんでいる。パフォーマンスのように思えていたものが、いまやみんなを惹きつける会話に変貌する。わたしは、部屋を流れる感情の空気が熱くなったことに女性たちの注意を喚起する。裁くのではなく、好奇心をもつことで何がどう変わるのか気づいてくださいと、わたしが普段、学生たちに言っていることを彼女たちに伝える。そして、ここまでの議論が暗黙のうちに異性愛を前提にしていたことを指摘すると、いままで黙っていた人たちが声を上げるようになるのだ。

わたしの考えるフェミニズムが、女の問題とも男の問題とも定義されず、女と男の闘いとも定義されなかったからか、集まった女性たちは、女同士の関係性だけでなく、男たちとの関係性のなかで経験する緊張についても語り合う。女同士の分断や、女と男の衝突をあおっているものは何か。予定していた時間が終わりを迎えたとき、わたしたちはちょうど会話の最中であり、そこにある注意深い傾聴、敬意、意見の相違から生じる好奇心は、みなぎる活力と希望をともないながら、ケアの倫理と結びついたフェミニズムの姿を示しているのだった。

わたしは自然主義者として、道徳性の研究に取り組んできた。心理学の大学院生として、人びととその生をめぐる心理学者たちの語り口に耳を傾けてきた。自分自身の研究に取り組みはじめたころ、人びとがどのように自己について語り、他者について語るのか、人びとが語る人生の物語を聴くことになった。そのとき、理論の声と実際の人びとの声とのあいだの不一致にわたしの耳はひっかかった。わたしが耳にしたものを表現するのに、「声」という言葉はうってつけの選択だった。心理学者たちは通常、「声」という言葉を使わない。しかし、それはわたしにとって、「自己」という言葉よりふさわしく、より正確で、抽象度も低かった。声は身体的であると同時に言葉に内在しているため、心理学を生物学や文化に還元することなく結びつけることも可能にした。

結論を述べるなら、フェミニストのケアの倫理は、家父長制のくびきから民主主義を解放するための闘争に必要不可欠だ。というのも、それが、この闘争を生存の必要性に根づかせ、（女の貞節をめぐる問題や男系の永続と拡大をめぐる問題よりも）こどもの福祉《ウエル・ビーイング》を最優先にするという進化論的要求に根づかせるからだ。フェミニストのケアの倫理は、わたしたちの人間性をかたちづくる能力を育み、その能力をおびやかす慣習に対して警鐘をならしてくれる。わたしは「家父長制」という言葉を、男を女からだけでなく男からも引き離し、女を善と悪に分けるような態度や価値観、道徳規範《コード》や制度を表すのに用いてきた。心理学者としての経験から、わたしは家父長制を心の断片化《フラグメンテイション》、すなわちトラウマと結びつけてきた。人間の特性が男らしさと女らしさに分断されているかぎり、わたしたちはお互いに疎外しあうだけでなく、自分自身からも疎外されてしまう。わたしたちの共通の願望である愛と自由は、これからもわたしたちから逃れ続けるだろう。

不正義への抵抗についてのゼミで、デイヴィッドとわたしは学生たちに、寸劇の企画と上演を共同で行うよう求めている。わたしたちは、演劇活動が教室での議論を活気づけ、創造的な取り組みをうながすことを発見している。二〇〇九年秋の授業の最終日、最後のグループの学生たちが現代版『オレステイア』[5]を上演した。学生たちは、サラ・ペイリンの家族を二一世紀のアトレウス家に見立てて、その劇を「オレスタ・ペイリン」と名づけた。FOXテレビのリアリティ番組〔役者や素人が実際の困難な状況などに直面する様子をドキュメンタリーやドラマに仕立てた番組のこと〕「アメリカン・ジャスティス」の趣向にのっとった劇のなかで、進化人類学者のサラ・ハーディは、真実を話しているのに、FOXニュースのキャスターが耳を貸そうとも、信じようともしてもらえない現代のカサンドラ[6]役を演じた。

序章で、わたしは楽観主義者だと告白したが、単純な人間というわけではない。発達に関心をいだく心理学者として、わたしの目はいつも境界線を、すなわち前進をもたらす場所、壁が取り除かれる場所を探している。学生たちのなかに、あたらしい声や、わたしを驚かせるような洞察やつながりを聴き取ろうとしている。わたし自身の研究のなかでは、知っているのに忘れていた声を発見したことがいちばんの驚きだった。このことがおそらく、わたしたちはみずからのうちに人間性を偽りの物語から解放する可能性をもっていると考える、わたしの楽観主義をずっと後押ししてくれたのだ。人間科学の前進により、わたしたちが知識に事欠くことはない。スウェーデンのジャーナリスト、〔スヴェン・〕リンドクヴィストが言うように、「わたしたちに欠けているのは、知っていることを理解し、結論を導き出す勇気だ」。抵抗のための土台は、わたしたちのなかにある。

＊5　『オレステイア』は、アイスキュロスによる悲劇三部作。ミュケーナイの王アガメムノン（アトレウスの子）が、妃クリュタイメストラとその情夫アイギストス（王の従弟。育ての父アトレウスを殺害）によって殺害される物語（『アガメムノン』）、アガメムノンの息子オレステスがアポロン神の命をうけ、姉エレクトラと共に母とその情夫を殺害し、復讐を遂げる物語（『供養する女たち』）、オレステスが母を殺した咎めにより復讐の女神エリニュスたちに追われる身となるが、アポロン神の恵みを受けることで女神たちからも赦免される物語（『慈みの女神たち』）からなる。この一族は、その祖であるタンタロスの驕りと不敬神に対する咎めから神に呪われており、そこから、人殺しや詐欺や権力争い、王位奪還などの事件が降りかかることになった。アイスキュロス『ギリシア悲劇Ⅰ』（高津春繁・呉茂一・湯井壮四郎訳、筑摩書房、一九八五年）を参照。

＊6　『オレステイア』に登場するトロイアの女王。アポロン神より予言の力を授けられながらも神の求愛を拒んだために、彼女の言葉は何人にも信じられないという呪いをかけられた。クリュタイメストラとアイギストスがアガメムノンと自身を殺害することも予言したが、誰にも信じてもらえなかった。

『ユダヤ人を救った動物園――アントニーナが愛した命』のなかで、ダイアン・アッカーマンは、ナチス占領下のワルシャワを生きたアントニーナ・ジャビンスカの物語を描いている。アントニーナは、喪失と弔いの静寂をともなう戦争の悲惨な現実を、「これは死の眠りではない、ちょっと冬眠しているだけ」と自分に言い聞かせようとした。動物に囲まれて生活していた彼女はつぎのことを知っていた。

コウモリやホッキョクグマは、冬の間は静かに眠るのだが、（……）氷をバリバリ轟かす氷震と凍傷の季節である冬は、餌も乏しくなるから、夏の間に貯えておいた脂肪にくるまって寝ているほうがいいのである。（……）冬眠をしているクマは、眠っているばかりとも限らなくて、雌グマはこの間に子グマを産んで、実りの季節である春が来るまで穴のなかで乳を与えながら添い寝をする。（p. 98, 邦訳一〇〇頁参照）

占領下のワルシャワの凍てつく冬のあいだ、人びとが恐怖と寒さと窮乏によって魂をすり減らすなか、アントニーナは、戦争の日々は魂の死ではなく、「魂の冬眠のようなものであって、着想も知識も科学も、仕事への情熱も、理解も愛も、みんな一緒に、誰にも奪われる心配のない穴にしまっている」（p. 98, 邦訳一〇〇頁参照）のだと考えられないかと想いをめぐらせている。その傍ら、彼女は三〇〇人以上のユダヤ人を動物園にかくまい、彼女の家にやってきたナチ党員が、檻を調べようとするのを思いとどまらせた。

二〇一〇年の六月、ソルボンヌ大学のデカルト講堂で、ケアの倫理が冬眠のような状態から目覚めた。ケアの倫理学についての会議が、この文明の中心地で開催されたのだ。会議の当日、講堂が満席になったとき、わたしはデカルト的切断〔心身二元論のこと〕を修復するためにデカルトの広間《サロン》にやってきたというアイロニーを味わっていた。この切断は、わたしたちの倫理的な知性を鈍らせ、心を断片化し、神経を短絡させ、民主主義の信用を落とし、わたしたちの生存を脅かしてきた。わたしたちの身体と感情に喪失が刻みこまれ、わたしたちの生はトラウマと悲劇に染め上げられた。これはわたしたちが知っている古い物語だ。あたらしい物語では、共感し、他者のこころを読み、協働する能力が、わたしたちを女でも男でもなく、人間として特徴づけるのだ。わたしたちが必要とする資源は、わたしたちのなかにある。どれほど不利な政治情勢でも、どれほどの悪天候でも、わたしたちの資源はわたしたちのなかに貯えられ、誰もそれを奪うことはできない。

自然界では、冬眠の終わりに続く実りの季節である春は、年に一度しかおとずれない。心のなかでは、春の可能性はいつも存在している。いまこそ行動を起こす時なのだ。

謝辞[*1]

長年わたしの旅につき添ってくれたわたしの学生たち、そして、わたしの調査に参加してくれた女たちと男たち、少女たちと少年たちに、わたしはもっとも多くを負っている。みなさんの声からたくさんのひらめきを授かったし、たくさんの声をこの本のなかで引用させてもらった。とくにダナ・エデルとマシュー・グラジアノ、そしてチェラ・レイドには感謝をしている。また、同僚たちにもお礼を言いたい。ディヴィッド・リチャーズからは倫理的抵抗についてとても多くを教わり、その寛大さにはふかく心を打たれた。『もうひとつの声で』のフランス語訳の改訂版をだせたのは、サンドラ・ロジェとパトリシア・パペルマンのケアの倫理学をめぐる尽力があればこそのことだと思っている。エリザベス・ヤング＝ブルーエルとクリスティーン・ダンバーは、精神分析についての章に、たくさんの有益な応答を惜しみなく与えてくれた。ニオベ・ウェイとは、もう何年もまえに彼女が大学院生としてハーバードにやってきたときからのつきあいだけれど、その頃からわたしが取り組んできたパズルの最後のピースを嵌めてくれたのは彼女だ。いまや彼女は敬愛する同僚であると同時に最高の友人でもあり、毎週水曜日の朝の彼女との語らいでひらめき、精緻化していったいくつものアイデアが

＊1　この謝辞は、二〇一一年に出版された初版ではなく、二〇一七年に再版された際に掲載されたものを翻訳したものである。

本書には収められている。しかし、ジョン・トンプソンの励ましと友情がなければ、これが本として世にでることはなかっただろう。彼の知性と感性には最大の感謝をささげる。

また、テリ・アプター、トヴァ・ハートマン、ダナ・クロウリー・ジャック、ロバート・ムーラー、ウェンディ・ピュアフォイ、ランディ・テスタ、ニオベ・ウェイには、草稿の初期段階で目をとおし、助言を与えてくれたことを、そして、わたしの補佐員のベッツィー・ラーナーには彼女の職責を超えて原稿を読んでくれたことを、助手のエミリー・ハス、そして、ポール・リップマン、マリリン・チャールズ、フィリップ・ブルームバーグ、ヘンリー・フリードマンにはこのプロジェクトを後押ししてくれたことを、ティム・クラークにはそのすばらしい編集を、キャロル・オベディンにはその知恵を、そしてわたしの孫たち――ノラ、ジェイコブ、マキシン、ベンジャミン、ノアそしてジョセフ・ギリガン――には、こどもならではの洞察力でわたしに喜びと未来への信念を与え続けてくれたことを感謝したい。

ティナ・パッカーは、本書を一字一句読み、それを彼女の繊細な耳にかなうことばづかいに、その審美眼にかなうドラマティックな構成に改めてくれるという、親友にしか頼めないことを引き受けてくれた。わたしが『抵抗への参加』を書いていたとき、彼女は自分が制作し上演した戯曲にもとづいた『ウィルの女たち』を書き、その過程でわたしたちはあたらしい物語を語りたいという気持ちを互いに高めあった。

わたしの人生の伴侶であり、読者としても頼りにしている、愛するジムには、快くこの物語の一部になってくれたことも含めて、すべてに感謝の言葉をささげたい。

テクストについて

本書のバックボーンをなす調査は、『もうひとつの声で』を書くことになった研究と並行してはじまり、長い年月をかけて、さまざまな場所で取り組んできたものだ。いくつかの論点を説明するために、『もうひとつの声で』から二、三の事例を引いてもいるし、ジュディとアンナについては、本書で少しだけ引用したほかの何名かの少女たちとともに、『十字路で出会う』のなかでより詳細に論じてもいる。また、少年たちとその父親をめぐる調査について、そして、複数のバージョンからなるアンネの日記についてのより踏み込んだ議論は『歓びの誕生』の第二章で展開している。

ハーバード大学出版局には、『もうひとつの声で――心理学理論と女の発達（*In a Different Voice : Psychological Theory and Women's Development*）』（© 1982, 1993 by Carol Gilligan）と、リン・マイケル・ブラウンとわたしが執筆した『十字路で出会う――女性心理学と少女の発達（*Meeting at the Crossroads : Women's Psychology and Girls' Development*）』（© 1992 by the President and Fellows of Harvard College）から本書に適したいくつかの事例を再録することを許可してくれたことに感謝したい。本書第4章のいくつかの箇所は、別の体裁で『十字路で出会う』（pp. 123–41, 185–95）に掲載されている。また、ケンブリッジ大学出版局には、『深まる闇――家父長制・抵抗・民主主義の未来（*The Deepening Darkness : Patriarchy, Resistance, and Democracy's Future*）』（© 2009 Carol Gilligan and David A. J. Richards）と、本書第3章のもとになった初期の、

大幅な改稿以前の原稿を掲載してくれていた『現代精神分析（*Contemporary Psychoanalysis*）』誌から、いくつかの題材の再録を許可してくれたことに感謝したい。ミシガン大学出版局にも、『ミシガン・クォータリー・レビュー（*Michigan Quarterly Review*）』に初収録され、ローレンス・ゴールドスタイン編『女のからだ（*The Female Body: Figures, Styles, Speculations*）』（© 1990, 1991 by The University of Michigan Press）に再録された「抵抗への参加――心理学・政治学・少女と女（Joining the Resistance: Psychology, Politics, Girls and Women）」を、本書に増補改訂して収録する許可をいただいたことにお礼を言いたい。プリンストン大学出版局には、ジョリー・グラハムの詩集『浸蝕（*Erosion*）』（©Princeton University Press, 1983）から「理性の時代（The Age of Reason）」の一部転載を許可してくれたことを感謝したい。

過去の仕事に立ち戻り、そこから現在のわたしの立場を示すのに、もっとも効果的と思われる事例を取りだしてきた。それらの研究と調査参加者についてのより詳細な情報は、《参考文献》にまとめた関連する仕事をご覧いただきたい。

訳者あとがき[*1]

邦訳『抵抗への参加』出版までの出来事

本書は、Carol Gilligan, *Joining the Resistance*, Polity Press, 2011の全訳である。本書の著者キャロル・ギリガンの主著 *In a Different Voice: Psychological Theory and Women's Development*（Harvard University Press, 1982）は、訳者のひとりである私が最も影響を受けた著書のひとつである。私が *In a Different Voice* の旧訳『もうひとつの声——男女の道徳観のちがいと女性のアイデンティティ』（岩男寿美子監訳、川島書店、一九八六年）を手に取ったのは、二〇〇五年の冬、大学三年生のときだった。卒業論文のテーマを決めないといけない時期に差し掛かっていた私は、何か心惹かれる文献はないかと、図書館や書店を巡っていた。感情的で、曖昧で、論理性に乏しく聞こえる、けれども、他者を思いやることに焦点を当てるような倫理観を、私は大切に思っていた。しかし、このような声を主題とする

＊1　訳者あとがきは、小西真理子「【解題】キャロル・ギリガン」『生存学』（七号、二〇一四年）をもとに大幅に加筆修正したものである。

ことは、アカデミズムの世界ではできないと思い込んでいた。そうではないということを教えてくれたのが、キャロル・ギリガンだったのである。

私が『もうひとつの声』を手に取ったときに感動を覚えたのは、その本があたらしい理論を提示していたからではなかった。むしろ私にとって、ギリガンが語る理論、そして、それ以上に、ギリガンがインタビューを通して紹介していた人びとの声は、ごく普通の響きをもっていて、多くの人がすでに知っているに違いないものだった。しかしギリガンの著書は、これまで手にとったほかの著書のなかで取りこぼされていた声を確かに拾っているものだったし、そのような声についてアカデミズムで語れることを証明するもののように、私には思われた。ギリガンの著書を手に取らなければ、私は今、アカデミズムの世界にはいなかったかもしれない。私が望むテーマを、アカデミズムで取り扱えると思うことができなかったかもしれないからである。ギリガンの研究は、これまで見落とされてきた道徳観に光を当てただけではなく、今も見逃される傾向にある「声」を、ときにはギリガンの思想の範囲さえも越えて、アカデミズムの世界で提示できる可能性があることも私に示唆してくれたのである。[*2]

ところで、私が卒業論文を執筆していた二〇〇六年当時、ネル・ノディングスの著書 *Caring* (The University of California Press, 1984)[*3] の邦訳『ケアリング――倫理と道徳の教育 女性の観点から』(立山善康・林泰成・清水重樹・宮崎宏志・新茂之訳、晃洋書房、一九九七年)や、森村修著『ケアの倫理』(大修館書店、二〇〇〇年)、そして、川本隆史著「キャロル・ギリガン『もうひとつの声』」(江原由美子・金井淑子編『フェミニズムの名著五〇』平凡社、二〇〇二年)は刊行されていたものの、(日本語で読める)ケアの倫理の情報は非常に限られたものだった。品川哲彦著『正義と境を接するもの――責任という原理とケアの倫理』（ナカニシヤ出版）が出版されたのが二〇〇七年、エヴァ・キテイの著書 *Love's Labor: Essays on Women, Equality, and Dependency*（Routledge, 1999）の邦訳『愛の労働あるいは依存とケアの正義論』（岡野八代・牟田和恵監訳、白澤社）が出版されたのが二〇一〇年、岡野八代著『フェミニズムの政治学――ケアの倫理をグローバル社会へ』（みすず書房）が出版されたのが二〇一二年、ファビエンヌ・ブルジェールの著書 *L'Éthique du «Care»*（Presses Universitaires de France, 2011）の邦訳『ケアの倫理――ネオリベラリズムへの反論』（原山哲・山下りえ子訳、白水社）が出版されたのが二〇一四年である。二〇二〇年代に入り、ジョアン・トロントの講演録『ケアするのは誰か？――新しい民主主義のかたちへ』（岡野八代訳、白澤社、二〇二〇年）、マイケル・スロート著 *The Ethics of Care and Empathy*（Routledge,

---

＊2　私自身は、ギリガンをはじめとする主要なケアの倫理の著作の影響を受けつつも、おそらく、彼女たちの枠組みからすれば批判対象ともなるような方向性へと研究を展開させている。論争的な内容であるがゆえ、このあとがきでは、そのことについては立ち入らない。

＊3　同著の一九八四年および二〇〇三年版の副題は、*A Feminine Approach to Ethics and Moral Education*、二〇一三年版の副題は、*A Relational Approach to Ethics and Moral Education* であり、〈Feminine〉が〈Relational〉に変更されている。ノディングスは二〇〇三年版の序文において、〈feminine〉という語は「経験的なものを示しているのであり、ケアを本質的に女性の特徴として示しているのではない」（Noddings, 2003, p.xxiv）としているが、二〇一三年版序文では、「ほとんど誰も著書のタイトルに〈feminine〉という語があることにたいして肯定的な反応を示さなかった」（Noddings, 2013, p.xiii）ことを記したうえで、「ケア倫理の中心に女性の経験を位置づけないことは避けたいが、ほとんどすべてのケア論者が関係性を個人（individual）より基礎的なものだとみなしているため、関係的（Relational）がよりよい語だろう」（ibid.）と述べ、サブタイトル変更の理由を説明している。

2007）の邦訳『ケアの倫理と共感』（早川正祐・松田一郎訳、勁草書房、二〇二一年）、小川公代著『ケアの倫理とエンパワメント』（講談社、二〇二一年）が出版にされたのは記憶にあたらしい。二〇二二年には新訳『もうひとつの声で――心理学の理論とケアの倫理』（川本隆史・山辺恵理子・米典子訳、風行社、二〇二二年）が、二〇二三年五月には『新装版：愛の労働あるいは依存とケアの正義論』が刊行された。私が学生だった頃には想像もできなかったことであるが、今や日本におけるケアの倫理は、さまざまな流儀に分岐しながら、ひとつのブームを形成しているかのようでもある。

ギリガンの仕事に触れたことがきっかけとなってアカデミズムの世界に魅力を感じるようになった私は、アカデミズムの扉を叩く勇気を与えてくれた人に会ってみたいという想いをずっと抱いていた。そして、二〇一三年一月、当時大学院生だった私は、ニューヨーク大学を訪れた。ギリガンが勤める法学部の受付でアポイントメントの確認をしてもらっているとき、タイミングよくギリガンさんが通りかかった。「あら、あなたが今日の訪問者ね！　さぁ、オフィスに行きましょう！」明るい笑顔で迎えてくれたギリガンさんの温かさに喜びを覚えると同時に、若々しく、活気あふれる彼女の振る舞いを目にして、とても驚いたのを覚えている。

オフィスまでの道すがらギリガンさんは、日本で開催されたカンファレンスに参加したことや日本観光のエピソードを楽しそうに話してくださり、日本から来た大学院生の私に対して、歓待の気持ちを示してくださった。オフィスに到着し、さっそくインタビューを開始した。アカデミック英語はとても難しくて、なかなか流暢に話せない。しかも目の前には研究者を志すきっかけになった人がいる。

そんな私の緊張を察してくださったギリガンさんは、私がリラックスしながらインタビューできるように、温かい紅茶を用意してくださり、時には世間話を交えながら、目配り、相槌、表情を通じて、和やかな空間を作ってくださった。私のつたない英語に対して、真剣に耳を傾けて、真摯に応答してくださった。インタビューを終えたとき、ギリガンさんは私の手に一冊の本を差し出してくれた。それが本書、*Joining the Resistance* である。二〇一七年二月にギリガンさんを再訪した私は、この本を日本語にして出版することを彼女に約束した。

『もうひとつの声で』

キャロル・ギリガンは、一九六四年にハーバード大学にて博士号（社会心理学）を取得、七一年からハーバード大学教育学部大学院助教、七九年より同大学院心理学准教授、八六年から正教授を経て、九七年ジェンダー研究講座の初代教授に就任した（ジェンダー講座のエピソードは、本書第2章に詳しい）。二〇〇二年にニューヨーク大学法学部教授に就任し、現在は、応用心理学および人文学の全学教授である。[*4]

ギリガンの名を世界に広めた『もうひとつの声で』が刊行されたのは一九八二年である。ギリガン

＊4　ギリガンの略歴や刊行物に関しては、川本隆史著「[解題]『もうひとつの声で』を読みほぐす」『もうひとつの声で——心理学の理論とケアの倫理』（風行社、二〇二二年）も詳しいが、本書そのものが、ギリガンの経歴や執筆物を紹介するものだとも言えるだろう。

は、フロイト、エリクソン、ピアジェ、コールバーグが論じてきたような精神分析学・心理学分野における伝統的な道徳発達理論が、男性中心主義のものであると批判した。この道徳発達理論においては、権利や公正さの視点から道徳発達段階が評価され、自立（independence）と分離（separation）が成熟の条件として提示される。この枠組みのなかでは、女性は道徳的に劣っていると評価されがちになってしまう。それは、女性の道徳発達に問題があるからではなく、女性が男性とは異なる発達の枠組み、すなわち、人間関係を重視した枠組みのなかで発達を遂げる傾向にあるからである。ギリガンは、伝統的な道徳を正義の倫理（an ethic of justice）、人間関係のなかで他者および自己を配慮するような道徳をケアの倫理（an ethic of care）と名づけた。正義の倫理が、「自己と他者が同等の価値をもつ存在として扱われ、力の違いに関わらず物事が公正に運ばれなければならない」という理想を掲げるのに対し、ケアの倫理は、「誰もが他者から応答してもらえ、包摂されており、誰ひとりとしてとり残されたり傷つけられたりはしない」（Gilligan, 1982, p.63）という理想を掲げる。自己と他者は、互いに依存し合い、支え合う相互依存（interdependence）の関係にあり、傷つきやすい（vulnerable）存在である人間は、人間関係のなかのケアによってのみ支えられる（Gilligan, 1982, p.127）。このような相互依存と愛着を重視する倫理は、自立や分離を成熟の印とする伝統的な発達心理学において見逃されてきたものであった。

ギリガンによる女性の道徳発達理論は、彼女の分野である発達心理学を越えて、教育学、社会学、哲学、倫理学、医療実践などを含む多くの学問分野に影響を与えた。ギリガンの功績は高く評価され、彼女は、一九八四年には雑誌*Ms*で前年に最も活躍した女性を讃えるWomen of the Year、一九九二年にはグロマイヤー賞、一九九八年には第四回ハインツ賞に輝いている。彼女の影響は心理学という一分野を越えた広がりをもって、それぞれの分野に息づいている。

フェミニストによるケアの倫理への批判

ギリガンのケアの倫理には、多くの賛同者が現れはしたものの、伝統的な女性差別を促進させるものだという批判の声もあがってきた。スーザン・ファルディは、ギリガンが『もうひとつの声で』においてケアの倫理を女性だけの倫理ではないと主張していることを考慮した上でもなお、その著書がバックラッシュの動きを進める者たちによって、「自立は女性にとって不自然で不健全である」(Faludi, 1991, p.342)[*5]と主張するために不当に利用されてしまったと指摘している。バックラッシュが巻き起こるなか、ギリガンの理論は、彼女の意に反して、性差別論者を擁護するための理論として用いられてしまったのである(川本、二〇二二、四一五頁)。

キャサリン・マッキノンによれば、「女性がケアに価値を置くのは、女性が男性に与えるケアに準じて女性たちに価値を与えてきたから」であり、「女性が関係性について語るのは、女性という存在

＊5 Faludi, Susan, *Backlash: The Undeclared War Against American Women*, Three Rivers Press, 1991.(邦訳は、『バックラッシュ――逆襲される女たち』伊藤由紀子・加藤真樹子訳、新潮社、一九九四年)。

が男性との関係によって定義されてきたから」である。したがって、マッキノンは女性たちのこれまでのあり方、つまり、ケアの倫理の価値観に準じたあり方を肯定的に語ることには批判的である（MacKinnon, 1987, pp.38–39）[*6]。女性がケアの倫理に基づく道徳観を持つのは、女性が男性に虐げられてきたことの現れであると考えられたのだ。マッキノンは、ギリガンとの対談で、ケアの倫理で提唱されているような「女らしさ（feminine）」の危うさについて言及している。もし男性が女性の声に耳を傾けなければ、男性は女性との議論に勝利することができる。しかし、マッキノンによるなら女性が男性の声に耳を傾けなければ、女性は（ケアの倫理の実践に失敗しているため）敗者のままである。マッキノンは、現行の社会システムが、このような権力を構造化していることを指摘し、そのシステムを変える必要性を訴えた。この批判に対してギリガンは「あなたが定義する権力は、彼（男性）によって定義されたもの」であり、『もうひとつの声で』に登場する女性たちは「ポジティブな一連の価値観（もうひとつの声＝ケアの倫理）についてはっきりと表現している」と反論した。マッキノンは、それは現行のシステムがその定義で成り立っているからであると述べ、男性によって構築されたシステムによって強いられてきた「女らしい声」を女性自身のものだとするギリガンの主張に対して、再度強く反発した（Gilligan, MacKinnon et al., 1984, pp.73–76）[*7]。

マッキノンの主張は、人権が軽視されてきた女性たちが男性と同じ土俵に立つためには男性システムに依拠せざるを得なかった長い歴史を思い起こさせる。あるいは、女性が人権を獲得するためには男性への勝利が不可欠とも考えられる。しかし、だからといって、ケアの倫理は忘れ去られるべきなのだろうか。ギリガンのマッキノンへの反論は、重要なことを示唆しているように思われる。ケアの倫理を忘れ去ることは、男性に勝利するために、女性たちが育んできた文化を放棄し、女性たちが男性の文化、すなわち、家父長制文化に自発的に吸収されていくことを意味する。その自発性こそ、男性中心主義ならびに家父長制文化の優位性を承認し、ケアの倫理の文化によって見いだされる倫理観を取るに足らないものと認めてしまうことなのではないだろうか。

森村が指摘するように、「ギリガンが指摘したかったのは、男性中心の倫理観が「人間一般の倫理」として通用するということの無頓着さであり、それを女性も男性も内面化していたことである」（森村、二〇〇〇、一一二頁）[*8]。ここで重視すべき問題は、ケアの倫理が男性社会において好都合に扱われる恐れがあること以上に、ケアの倫理の価値が、伝統的な正義の倫理の価値に対して十分に認められてこなかったことであり、人間の多様性が受け入れられていないことなのである。岡野が指摘するように、「ケア関係において要請される態度が、女らしい態度として社会の中で繰り返し強要されてきた歴史を前には慎重であらなければならない」ことは事実であり、「ケアの倫理の価値がどのような文脈において評価され、その価値が誰によって、いかなる場面において、誰に向かって説かれようとし

＊6　MacKinnon, Catharine, *Feminism Unmodified : Discourses on Life and Law*, Harvard University Press, 1987.（『フェミニズムと表現の自由』奥田暁子・加藤春恵子・鈴木みどり・山崎美佳子訳、明石書店、一九九三年）。
＊7　Gilligan, C., MacKinnon, C., et al. "Feminist Discourse, Moral Values, and the Law : A Conversation," *Buffalo Law Review*, vol.34 (1), 1985.
＊8　森村修『ケアの倫理』大修館書店、二〇〇〇年。

ているのかを、わたしたちは常にはっきりさせておかなければならない」（岡野、二〇一二、一六五―一六六頁）[*9]。「「女性的な価値」を否定することなく、現実社会の「女性らしさ」のファンタジーをいかに批判するか」（岡野、二〇〇三、一四九頁）[*10]という難問がここに存在するのである。

フェミニストによる批判への応答の書としての『抵抗への参加』

二〇一七年にギリガンさんを再訪したとき、私は彼女がケアの倫理に向けられたフェミニストたちによる批判について、現在どのように考えているのかを質問した。それまで穏やかだった彼女が強い口調で反論し、ケアの倫理はフェミニストの倫理であり、人間の倫理なのだということを言われたのを覚えている。それはギリガンさんの声だった。その声が綴られている著書こそが、本書*Joining the Resistance*＝『抵抗への参加』なのである。ギリガンは本書において、『もうひとつの声で』で遂行した仕事が、「わたしが異を唱えていたはずのほかならぬジェンダー規範とその価値に重ねられてしまった」（本書、二一頁）ことをはじめとする、自身が論じるケアの倫理に関する誤解について、本書執筆当時の自分の考えを声に出すことを決意したのである。

『抵抗への参加』においてギリガンは、自身の半生や既刊の著作を振り返りながら、フェミニストのケアの倫理を描き出している。一九七三年に最高裁判所によって妊娠中絶が合法化され、中絶問題に直面した女性たちの責任の倫理が公的に語られる権利を得たという歴史的な出来事は、同年に廃止された徴兵制の研究、つまり、男性を対象としていた研究を行っていたギリガンが、偶然にも（中絶に関する葛藤を取り扱うという）女性を対象とした研究へと移り変わるきっかけとなった。ギリガンは、『もうひとつの声で』刊行後も、心理学分野において少女や女性が調査対象から除外されてきた、あるいは、少女や女性の経験が例外とされたり取るに足らないものとされたりしてきたことから生じる空白を埋めるため、少女や女性たちの調査はもちろん、少年やその父親たちの調査も進めていった。これらの研究成果を通じてギリガンが辿り着いた結論こそが、「家父長制の文化のなかでは、ケアの倫理をともなうもうひとつの声は、女らしい響きをもっている」けれど、「それがまさにその声として、その響きのままに聞かれるならば、その声は人間の声である」（本書三一頁）というものであった。

「ケアの倫理は人間の倫理である」と訴えかける本書が依拠するのは、人間を生まれつき攻撃的で競争的な存在と見なすような人間観ではなく、共感的で協力的な存在であると見なす人間観である。本書においてギリガンは、進化人類学者のサラ・ブラファー・ハーディの説を引きながら、人類繁栄の背景には、共同養育、すなわち生物学上の両親ではない他者が子育てに参加する営みがあり、その営みにおいて鍵となるものこそが「共感、相手の心を察する力、協働という、相互理解をうながす特性」（本書、六四頁）であるとする。このような性質が人間性に内在するものだとするならば、問われるべきは、私たちがケアの倫理をどのようにして失うのかということになる。その喪失に関与してい

＊9　岡野八代『フェミニズムの政治学――ケアの倫理をグローバル社会へ』みすず書房、二〇一二年。
＊10　岡野八代「境界のフェミニズム」『現代思想』三一巻一号、二〇〇三年。

るものこそが家父長制文化であると、ギリガンは主張するのである。

ギリガンは家父長制という言葉を「男を女からだけでなく男からも引き離し、女を善と悪に分けるような態度や価値観、道徳規範《コード》や制度」（本書、二一八頁）を表わすものとして使用しており、それはジェンダー二元論とジェンダー階層からなるものだと説明している。家父長制文化は人びとを男と女に分断し、それぞれにジェンダー化された男らしさと女らしさを割り当てる。さらに、女ないしジェンダー化された女らしさの上位に、男ないしジェンダー化された男らしさを配置し、男同士の関係においても階層と亀裂を形成する。

このような家父長制の世界のなかでは、ケアの倫理はジェンダー化された女らしさと重なってしまい、女性たちはその文化への通過儀礼を経て、他者への献身、他者へのニーズや関心への応答、他者の声を聴くといった「善き少女」、ひいては、「善き女」像を押しつけられる。強調しておかなければならないのは、「善き女」の性質としてジェンダー化された女らしさの諸特徴それ自体は「なすべき善きこと」であるということだ。ギリガンが問題を見いだしているのは、その諸特徴が家父長制文化のもと女性に課され、女性たちが自らの意向と無関係に「善き女」として振る舞うことを強制されることである。このような抑圧下で「善き女」の役割をはたす女性たちは、他者に受け入れられるためには自身の声を放棄し、自分自身と人間性を解離させなければならないことを学ぶ。こうして女性たちは、自己への責任を見失った「無私」という道徳的な問題を抱えた状態になってしまうとギリガンは考えているのである。

さらにギリガンは、家父長制によって弊害をもたらされるのは女性だけではないということに繰り返し言及している。少年たちも家父長制文化への通過儀礼を契機として、ジェンダー化された男らしさを身につけた「真の少年」、ひいては、「真の男」として振る舞うことを強いられる。少年や男性たちは、ケアの倫理と接合するような特性を表明してしまうと、道徳的に未発達であると評価されたり、差別的な言い回し（ゲイ、女々しい、マザコンなど）を投げつけられたりするようになる。このようにして少年たちや男性たちも、自らの人間性に反してケアの倫理を手放すように家父長制文化によって促されていると論じられているのである。ここに存在するようなジェンダー二元論は、ジェンダー役割やセクシュアリティの固定化をも強化するものであり、そのような固定化から解放された人間としての私たちのあり方さえも消去しようとするものだろう。

ジェンダー二元論やジェンダー階層が作り出す分断や人間性の喪失が、家父長制文化の下に生じるものであるからには、その文化に迎合している限り、ケアの倫理はジェンダー化された女らしさの響きから逃れることは困難であり、したがって、その真価を発揮できない。だからこそ、ケアの倫理は家父長制文化に抵抗するのであり、真のケアの倫理の実現のためには家父長制の解体が目指されるのである。ギリガンによる少女を対象とする（共同）研究では、家父長制文化の通過儀礼の圧力に屈しているときでさえ、自分自身の声を手放そうとしない少女たちの姿や、その圧力に抵抗しようとしている少女たちの正直な声が聴き取られている。ギリガンの別の（共同）研究や彼女の個人的な経験、そして、発達心理学者ニオベ・ウェイによる少年たちを対象とした研究は、少年たちも他者との親密な関係に対する欲望や、愛と共感の能力、相互理解とケアの能力をもっていることを示している。さらにギリガンは、諸調査や諸作品の紹介を通じて、抑圧下に置かれているような声にも、そこに眠る抵抗の可能性を見いだしている。

ギリガンの定義するフェミニズムとは、「人間の歴史における偉大な解放運動のひとつ」であり、「民主主義を家父長制から解放するための運動」（本書、二一六頁）である。ここで提示されるフェミニズムとは、女性に限定された問題に取り組むものではなく、女性と男性のあいだの闘いとも定義されるようなものでもない。それは、女性だけではなく男性も家父長制から解放するものであり、ひいては、ジェンダー階層やジェンダー二元論からなる家父長制の解体を訴えるようなものである。このような姿勢は、既存の家父長制システム内で女性が置かれてきた問題のみを強調するようなフェミニズムのあり方（ギリガンのケアの倫理に向けられたフェミニストによる批判が前提としているもの）に疑義を呈するようなものとも読み取ることができるのではないだろうか。本書を通じてギリガンは、ケアの倫理に女らしい響きをもたらしてしまうような社会の根本的な問題を浮き彫りにし、人間の倫理としてのケアの倫理にもとづく資源がすでに私たちの内部にあることを訴えかけることで、ケアの倫理の目覚めを広く促しているのである。

謝辞

二〇一八年の春、私はポーランド文学・比較文学を専門とする田中壮泰さんと哲学者の小田切建太郎さんに協力をお願いし、『抵抗への参加』の邦訳企画をスタートさせた。ギリガンさんに *Joining the Resistance* をご恵贈いただいてから一〇年、この邦訳企画が立ちあがってから五年という年月を経て、ようやく本書が刊行される運びとなった。ここまで時間がかかった原因は、私の邦訳作業が滞っていたことにあり、ここまで辛抱強くつき合ってくださった共訳者のおふたりには深く感謝している。そして、本書が（私が立命館の大学院生時代の苦楽を共にした）他でもないお二方の名前と共に出版できることを、心からうれしく思っている。

二〇一八年より五年間にわたって大阪大学の春夏学期の演習で、二〇二三年には立命館大学の春セメスターの演習で、*Joining the Resistance* の講読を行い、多くの学生のみなさんと原書を読んだ。邦訳刊行を心待ちにしてくれていた学生や、学位論文に『抵抗への参加』を取りあげてくれた学生もいた。授業を通じて浮かんだアイディア、みなさんに教えられたこと、今でも思い出せるさまざまなやり取りが本書のなかにつまっている。みなさんと過ごした時間は本当に楽しいものでした。

本書の各訳者の邦訳作業のなかで、第1章をカルメン・エンシナⅢさん（日本外語アカデミー講師）に、第2章と3章を亀井佑佳さん（立命館大学大学院博士前期課程修了）と貫井隆さん（日本学術振興会特別研究員PD・京都工芸繊維大学）にご助言をいただいた。また、本書刊行のための研究の一部は、日本学術振興会科学研究費助成金（若手研究：19K12921、および、若手研究：19K12922）の助成に負っている。

装幀のデザインをしてくださったHON DESIGNの北尾崇さんにも感謝を申し上げたい。家父長制、女らしさ、男らしさのくびき、そして、ケアの倫理が眠りについている冬を象徴する「雪の結晶」のなかで花開いている、春の訪れ、つまり、ケアの倫理の目覚めを象徴する「ポピー」。『緋文字』に由来する赤をテーマに描かれた素敵な装幀を、ぜひ読者の方々にも味わっていただきたい。

最後に、本書出版をめぐってサポートしてくださった晃洋書房のみなさん、そして、編集者の井上芳郎さんに深くお礼を申し上げたい。本書が出版されることは、出版社のみなさまのご尽力がなければあり得なかった。井上さんにご担当いただく書籍は、単著、共編著と合わせて三冊目である。毎回、とても親身に熱心に、そして、楽しみながら著書の編集をしてくださっているのが伝わってきます。本当にありがとうございました。

二〇二三年七月　夏の暑さを感じつつ

訳者のひとりとして

小西真理子

参考文献

Ackerman, Diane. *The Zookeeper's Wife : A War Story*. New York : W. W. Norton, 2007.〔ダイアン・アッカーマン『ユダヤ人を救った動物園――アントニーナが愛した命［普及版］』青木玲訳, 亜紀書房, 2017〕

Adelson, Joseph. *Handbook of Adolescent Psychology*. New York : Wiley, 1980.

Aeschylus. *The Oresteia*. Translated and edited by David R. Slavitt. Philadelphia : University of Pennsylvania Press, 1998.〔アイスキュロス『ギリシア悲劇〈1〉アイスキュロス』高津春繁訳, ちくま文庫, 1985〕

Apuleius. *Metamorphoses*. Edited and translated by J. Arthur Hanson. Cambridge, MA : Harvard University Press, Loeb Classical Library, 1989.〔アープレーイユス『黄金の驢馬』呉茂一・国原吉之助訳, 岩波文庫, 2013〕

Aristophanes. *Lysistrata／The Acharnians／The Clouds*. Translated by Alan H. Sommerstein, London : Penguin Books, 1973.〔アリストパネース『女の平和〔改版〕』高津春繁訳, 岩波文庫, 1975〕

BBC News. "The Christmas Truce." Special Report, October 1998（Adapted from *Christmas Truce* by Malcolm Brown and Shirley Seaton）.

Berger, John. *G. : A Novel*. London : Bloomsbury, 1972.

Bernardez, Teresa. "Women and Anger : Cultural Prohibitions and The Feminine Ideal." Wellesley College : Stone Center Working Paper Series, 31, 1988.

Blumenthal, Ralph. "Five Precious Pages Renew Wrangling over Anne Frank." *New York Times*, September 10, 1998.

Bornstein, David. "Fighting Bullying with Babies." *The New York Times Opinionator*, November 8, 2010.

Bowlby, John. *Loss : Sadness and Depression*. New York : Basic Books, 1980.〔ジョン・ボウルビィ『母子関係の理論――III 対象喪失［新版（改訂増補版）］』黒田実郎・吉田恒子・横浜恵三子訳, 岩崎学術出版社, 1991〕

Breuer, Josef and Sigmund Freud. *Studies on Hysteria*（1895）. *The Standard Edition of the Complete Psychological Works of Sigmund Freud*, Vol. II. Translated and edited by James Strachey. London : The Hogarth Press, 1955.〔『フロイト全集2　1895年――ヒステリー研究』芝伸太郎訳, 岩波書店, 2008〕

Brown, Lyn Mikel and Carol Gilligan. *Meeting at the Crossroads : Women's Psychology and Girls' Development*. Cambridge, MA : Harvard University Press, 1992.

Chu, Judy. "Learning What Boys Know." Ed.D Dissertation, Harvard University, 2000.

Coles, Robert. *Children of Crisis : A Study in Courage and Fear.* Boston : Atlantic-Little Brown, 1967.

Collins, Gail. *When Everything Changed : The Amazing Journey of American Women From 1960 to the Present.* New York : Littler Brown, 2009.

Damasio, Antonio. *Descartes' Error : Emotion, Reason, and the Human Brain.* New York : Putnam Publishing Group, 1994.〔アントニオ・R・ダマシオ『デカルトの誤り――情動，理性，人間の脳』田中三彦訳，筑摩書房, 2010〕

――――*The Feeling of What Happens : Body and Emotion in the Making of Consciousness.* San Diego : Harcourt, 1999.〔アントニオ・ダマシオ『意識と自己』田中三彦訳, 講談社学術文庫, 2018〕

de Waal, Frans. *The Age of Empathy : Nature's Lessons for a Kinder Society.* New York : Harmony Books, 2009.〔フランス・ドゥ・ヴァール『共感の時代へ――動物行動学が教えてくれること』柴田裕之訳, 紀伊國屋書店, 2010〕

Devereux, George. "Why Oedipus Killed Laius : A Note on the Complementary Oedipus Complex in Greek Drama." *International Journal of Psycho-Analysis,* 34, 1953 : 132-41.

Dostoevsky, Fyodor. *The Brothers Karamazov.* Translated by Richard Pevear and Larissa Volokhonsky. New York : Farrar, Straus, and Giroux, 2002.〔ドストエフスキー『カラマーゾフの兄弟』亀山郁夫訳, 光文社古典新訳文庫, 1・2巻：2006／3・4・5巻：2007〕

Elder, Glen and Avshalom Caspi. "Studying Lives in a Changing Society : Sociological and Personological Explorations." In A Rabin et al. (eds.), *Studying Persons and Lives.* New York : Springer, 1990.

Ferenczi, Sandor. "Confusion of Tongues Between Adults and Child : The Language of Tenderness and of Passion." In M. Balint (ed.), *Final Contributions to the Problems and Methods of Psycho-Analysis.* New York : Brunner/Mazel, 1980 (1955).

Frank, Anne. *The Diary of Anne Frank : The Critical Edition.* Prepared by the Netherlands State Institute for War Documentation. Edited by David Barnouw and Gerrold Van Der Stroom. Translated by Arnold J. Poermans and B. M. Mooyaart. New York : Doubleday, 1989.〔アンネ・フランク『アンネの日記［増補新訂版］』深町眞理子訳, 文藝春秋, 2003〕

Franklin, Nancy. "Teachers' Tales of Empowerment : A Story From an English

Teacher." Paper presented at the Harvard-Laurel Conference on The Psychology of Women and The Education of Girls, April 6, 1990, Cleveland, Ohio.
Freud, Sigmund. The Interpretation of Dreams (1899/1900). *The Standard Edition of the Complete Psychological Works of Sigmund Freud*, Vols IV and V. Translated and edited by James Strachey. London : The Hogarth Press, 1955.〔『フロイト全集4　1900年――夢解釈１』新宮一成訳, 岩波書店, 2007／『フロイト全集5　1900年――夢解釈２』新宮一成訳, 岩波書店, 2011〕
――――"On the Universal Tendency to Debasement in the Sphere of Love" (1912). Standard Edition, Vol. XI, pp.177-91.〔「性愛生活が誰からも貶められることについて」須藤訓任訳,『フロイト全集12　1912-13――トーテムとタブー』須藤訓任・門脇健訳, 岩波書店, 2009〕
――――*New Introductory Lectures on Psycho-Analysis* (1933). Standard Edition, Vol. XXII.〔「続・精神分析入門講義」道籏泰三訳,『フロイト全集21　1932-37年――続・精神分析入門講義・終わりのある分析とない分析』道籏泰三・福田覚・渡邉俊之訳, 岩波書店, 2011〕
――――*The Complete Letters of Sigmund Freud to Wilhelm Fliess, 1887-1904*. Translated and edited by Jeffrey Moussaieff Masson. Cambridge, MA : Harvard University Press, 1985.〔フロイト『フロイト フリースへの手紙――1887-1904』河田晃訳, 誠信書房, 2001〕
Gilligan, Carol. *In a Different Voice : Psychological Theory and Women's Development*. Cambridge, MA : Harvard University Press, 1982.〔キャロル・ギリガン『もうひとつの声で――心理学の理論とケアの倫理』(川本隆史・山辺恵理子・米典子訳, 風行社, 2022年)〕
――――*The Birth of Pleasure*. New York : Alfred A. Knopf, 2002 (Vintage paperback edition : *The Birth of Pleasure : A New Map of Love*, 2003).
――――*Kyra : A Novel*. New York : Random House, 2008.
Gilligan, Carol and David A.J. Richards. *The Deepening Darkness : Patriarchy, Resistance, and Democracy's Future*. New York : Cambridge University Press, 2009.
Gilligan, Carol and Jonathan Gilligan. "The Scarlet Letter : A play inspired by Hawthorne's novel." Unpublished script, 2007.
Gilligan, Carol, Renee Spencer, Katherine Weingarten, and Tatiana Bertsch. "On the Listening Guide : A Voice-Centered, Relational Method." In Paul M. Camic, Jean E. Rhodes, and Lucy Yardley (eds.), *Qualitative Research in Psychology : Expanding Perspectives in Methodology and Design*. Washington, D.

C.：American Psychological Association Press, 2003.
Gogol, Nikolai. *The Overcoat and Other Tales of Good and Evil*. W. W. Norton, 1965 (1842).〔ゴーゴリ『外套・鼻［改版］』平井肇訳, 岩波文庫, 2006〕
Graham, Jorie. *Erosion*. Princeton, N.J.：Princeton University Press, 1983.〔ジョリー・グラハム「ジョリー・グラハム詩集全訳（３）」古口博之訳,『岐阜経済大学論集』46巻１号, 2012, 129-146〕
Grumet, Madeline. *Bitter Milk：Women and Teaching*. Amherst, MA：University of Massachusetts Press, 1988.
Hallie, Philip P. *Lest Innocent Blood be Shed：The Story of the Village of Le Chambon and How Goodness Happened There*. New York：Harper and Row, 1979.
Hawthorne, Nathaniel. *The Scarlet Letter*. New York：The Modern Library, 2000 (1850).〔ホーソーン『完訳・緋文字』八木敏雄訳, 岩波文庫, 1992〕
Herbert, Bob. "Women at Risk." *New York Times*, August 8, 2009.
Hrdy, Sarah Blaffer. *Mothers and Others：The Evolutionary Origins of Mutual Understanding*. Cambridge, MA：Harvard University Press, 2009.
Jack, Dana Crowley and Alisha Ali. *Silencing the Self Across Cultures：Depression and Gender in the Social World*. New York：Oxford University Press, 2010.
King, Martin Luther Jr. "Letter from a Birmingham Jail." (1963) in *I Have a Dream：Writings and Speeches That Changed the World*. New York：HarperCollins, 1992.
Koonz, Claudia. *Mothers in the Fatherland：Women, the Family, and Nazi Politics*. New York：St. Martin's Press, 1987.〔クローディア・クーンズ『父の国の母たち——女を軸にナチズムを読む〈上〉』姫岡とし子・翻訳工房「とも」訳, 時事通信社, 1990〕
Kristof, Nicholas D. and Sheryl WuDunn. *Half the Sky：Turning Oppression into Opportunity for Women Worldwide*. New York：Alfred A. Knopf, 2009.〔ニコラス・D・クリストフ, シェリル・ウーダン『ハーフ・ザ・スカイ——彼女たちが世界の希望に変わるまで』北村陽子訳, 英治出版, 2010〕
Krull, Marianne. *Freud and His Father*. New York：W. W. Norton, 1986 (1979).
Laugier, Sandra. "Care et Perception：L'Ethique comme attention au particulier." In P. Paperman and S. Laugier (eds.), *Le souci des autres：Ethiques et politiques du care*. Paris：Editions de L'EHESS collection *Raisons pratiques*, 2005. (English translation, *Care Ethics as Attention to Particulars*, forthcoming.)

LeDoux, Joseph. *The Emotional Brain*. New York: Simon and Schuster, 1996.〔ジョセフ・ルドゥー『エモーショナル・ブレイン――情動の脳科学』松本元・川村光毅・小幡邦彦・石塚典生・湯浅茂樹訳, 東京大学出版会, 2003〕

Levy, Ariel. "Lift and Separate: Why is Feminism Still so Divisive?" *The New Yorker*, November 16, 2009.

Lindqvist, Sven. *Exterminate All the Brutes: One Man's Odyssey into the Heart of Darkness and the Origins of European Genocide*. Translated by Joan Tate. New York: The New Press, 1996 (1992).〔スヴェン・リンドクヴィスト『「すべての野蛮人を根絶やしにせよ」――『闇の奥』とヨーロッパの大量虐殺』ヘレンハルメ美穂訳, 青土社, 2023〕

Linklater, Kristin. *Freeing the Natural Voice*. New York: Drama Book Publishers, 1976.

Lipman, Joanne. "The Mismeasure of Women." *New York Times*, October 24, 2009.

Mann, Sally. *Proud Flesh*. New York: Aperture/Gagosian Gallery, 2009.

———Artist's statement for exhibit "Proud Flesh." Gagosian Gallery, New York, N.Y., September 15-October 31, 2009.

Muller, Melissa. *Anne Frank: The Biography*. Translated by Robert Kimber and Rita Kimber. New York: Henry Holt & Co., 1998 (1996).〔メリッサ・ミュラー『アンネの伝記』畔上司訳, 文藝春秋, 2000〕

Nurock, Vanessa (ed.). *Carol Gilligan et l'éthique du care*. Paris: Presses Universitaires de France, 2010.

Packer, Tina. *Women of Will: Following the Feminine in Shakespeare's Plays*. New York: Alfred A. Knopf, 2015.

Paperman, Patricia. "Les gens vulnérables n'ont rien d'exceptionnel." In P. Paperman and S. Laugier (eds.), *Le souci des autres: Ethiques et politiques du care*. Paris: Editions de L'EHESS collection *Raisons pratiques*, 2005. (English translation, *Care Ethics as Attention to Partidulars*, forthcoming.)

Richards, David A. J. *Women, Gays, and the Constitution: The Grounds for Feminism and Gay Rights in Culture and Law*. Chicago: University of Chicago Press, 1998.

———*Disarming Manhood: Roots of Ethical Resistance*. Athens, Ohio: Swallow Press, 2005.

Rilling, James K., David A. Gutman, Thorsten R. Zeh, Guiseppe Paqgnoni, Gregory S. Berns, Clinton D. Kilts. "A Neural Basis for Social Cooperation." *Neuron*, 35, 2, July 2002: 395-405.

Roy, Arundhati. *The God of Small Things.* New York : Harper Perennial, 1998. 〔アルンダティ・ロイ『小さきものたちの神』工藤惺文訳, DHC, 1998〕

Ruddick, Sara. *Maternal Thinking : Toward a Politics of Peace.* Boston : Beacon Press, 1989.

Rushdie, Salman. *Haroun and the Sea of Stories.* New York : Penguin Books, 1991 (1990).〔サルマン・ラシュディ『ハルーンとお話の海』青山南訳, 国書刊行会, 2002〕

Schorske, Carl. *Fin de Siècle Vienna : Politics and Culture.* New York : Vintage Books, 1981.〔カール・E・ショースキー『世紀末ウィーン――政治と文化』安井琢磨訳, 岩波書店, 1983〕

Sennett, Richard. *Together : The History, Rituals, Pleasures and Politics of Cooperation.* New Haven : Yale University Press, 2011.

Slote, Michael. A. *Essays on the History of Ethics.* New York : Oxford University Press, 2009.

——— "The Spectrum of Ethical Theories." Paper given at the University of Miami, September, 19, 2008.

Slovo, Shawn. *A World Apart.* London : Faber and Faber, 1988.

Suttie, Ian. D. *The Origins of Love and Hate.* London : Free Association, 1999 (1935).〔I・D・サティ『愛憎の起源』國分康孝・國分久子・細井八重子・吉田博子訳, 黎明書房, 2000〕

Tatlow, Didi Kirsten. "Freudians Put China on the Couch." *New York Times* reprints, October 28, 2010.

Virgil. *The Aeneid.* Translated by H. Rushton Fairclough. Cambridge, MA : Harvard University Press, Loeb Classical Library, 1999.〔ウェルギリウス『アエネーイス』杉本正俊訳, 新評論, 2013〕

Way, Niobe. *Deep Secrets : Boys' Friendships and the Crisis of Connection.* Cambridge, MA : Harvard University Press, 2011.

Williams, Tennessee. *A Streetcar Named Desire.* New York : New Directions, 2004 (1947).〔テネシー・ウィリアムズ『新訳　欲望という名の電車』小田島恒志訳, 慧文社, 2005〕

Woolf, Virginia. *Three Guineas.* Jane Marcus edition. Orlando, FL : Harvest, 2006 (1938).〔ヴァージニア・ウルフ『三ギニー――戦争を阻止するために』片山亜紀訳, 平凡社ライブラリー, 2017〕

Young-Bruehl, Elisabeth. *Childism : Confronting Prejudice Against Children.* New Haven : Yale University Press, 2013.

Young-Bruehl, Elisabeth and Christine Dunbar. Email communication, November 8, 2010.

《訳者紹介》

小西真理子（こにし　まりこ）

大阪大学大学院人文学研究科准教授．専門は臨床哲学，倫理学．著書に『共依存の倫理──必要とされることを渇望する人びと』（単著，晃洋書房，2017年），『狂気な倫理──「愚か」で「不可解」で「無価値」とされる生の肯定』（共編著，晃洋書房，2022年），『歪な愛の倫理──〈第三者〉は暴力関係にどのように応じるべきか（仮題）』（単著，筑摩書房，2023年［近刊］）など．

田中壮泰（たなか　もりやす）

立命館大学文学部授業担当講師，東海大学文化社会学部非常勤講師．専門はポーランド文学，イディッシュ文学，比較文学．論文に「イディッシュ語で書かれたウクライナ文学──ドヴィド・ベルゲルソンとポグロム以後の経験」『スラヴ学論集』25号（2022年）など．著書に『異貌の同時代：人類・学・の外へ』（分担執筆，以文社，2017年），共訳書にヤヌシュ・コルチャク『ゲットー日記』（みすず書房，2023年［近刊］）など．

小田切建太郎（おたぎり　けんたろう）

熊本学園大学社会福祉学部准教授．専門は哲学・倫理学．著書に *Horizont als Grenze : Zur Kritik der Phänomenalität des Seins beim frühen Heidegger*（単著，Traugott Bautz, 2014），『中動態・地平・竈──ハイデガーの存在の思索をめぐる精神史的現象学』（単著，法政大学出版局，2018年），『ハイデガー事典』（分担執筆，昭和堂，2021年），『狂気な倫理──「愚か」で「不可解」で「無価値」とされる生の肯定』（分担執筆，晃洋書房，2022年）．

抵抗への参加
──フェミニストのケアの倫理──

2023年9月20日　初版第1刷発行　　＊定価はカバーに表示してあります

著者　キャロル・ギリガン
訳者　小西真理子
　　　田中壮泰
　　　小田切建太郎
発行者　萩原淳平

発行所　株式会社　晃洋書房
〒615-0026　京都市右京区西院北矢掛町7番地
電話　075(312)0788番(代)
振替口座　01040-6-32280

装幀　HON DESIGN（北尾 崇）　印刷・製本　亜細亜印刷(株)

ISBN 978-4-7710-3778-6